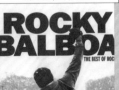

Almanaque da
Música Pop no Cinema

UM MUNDO DE GENEROSIDADES

A edição que se encontra em suas mãos era um sonho do Rodrigo, algo que nós da Faro e seu incrível grupo de amigos uniu forças para concretizar.

RODRIGO RODRIGUES tinha muitos talentos: jornalista, apresentador, músico, comentarista esportivo, guia turístico, biógrafo... o que lhe permitiu produzir um legado incrível.

Fora de catálogo há vários anos, Rodrigo sonhou em relançar dois dos quatro livros que escreveu: *As Aventuras da Blitz*, publicado em 2009, pela Ediouro, e *Almanaque da Música Pop no Cinema*, publicado em 2012, pelo Grupo Leya. Mas alguns sonhos são difíceis realizar, e foi aí que Rodrigo ficou imobilizado: ele precisaria que as editoras conseguissem localizar os arquivos originais — que, por trazerem mais de mil imagens, seria praticamente impossível de serem refeitos sem sua ajuda.

Ainda no calor dos acontecimentos, pensamos em homenagear o Rodrigo e realizar aquele sonho. Então mandei uma série de e-mails e mensagens para ver se havia algum caminho de concretizar o projeto. Em poucas horas, as primeiras respostas começaram a chegar.

Jorge Carneiro, Presidente da Ediouro/Nova Fronteira e sua equipe foram extremamente rápidos, e Luiz Stein, designer do livro sobre a Blitz, ficaram muito comovidos e, mesmo enxergando as dificuldades, deram início à busca dos arquivos finais em todos os lugares.

Alguns dias depois, Daniele Cajueiro, Ana Carla e Diana Baptista mandaram a notícia incrível de que, depois de muito trabalho, haviam, enfim, encontrado os arquivos. Foi emocionante, porque a probabilidade era mínima. Faltava o segundo livro, *Almanaque da Música Pop no Cinema*. Osmane Garcia Filho, o designer, havia perdido todos os seus arquivos em uma queima de HD com os trabalhos daquele ano. Restava tentar a editora. Para quem não sabe, a Editora Leya, hoje, é uma empresa brasileira. Claudio Marques, um dos sócios da Leya Brasil, revirou o que podia e, em menos de 24 horas após ter informado que não havia encontrado, ligou afirmando que acharam as duas partes do miolo do livro — uma no Brasil e a outra em Portugal. Podem chamar de sincronicidade, destino, sorte..., mas é como dizem: não acredito em bruxas, mas que elas existem, existem.

Conseguem imaginar a emoção de uma notícia ótima atrás da outra?

Com os originais em mãos, teríamos apenas que refazer a capa do segundo livro que não havia sido encontrada. Algo simples. Mas ao ver a nota sobre esse plano na imprensa, Flávio Franceschini, o designer que fez as campanhas de ambos os livros e, hoje, também responsável pelas peças de marketing da Faro, apareceu com TODOS os arquivos — até mesmo os das peças publicitárias da época, o que nos deu um novo gás. E estava tão perto. Lembram das bruxas? Então...

Mas esse trabalho de buscas em nada se comparou à conversa que tive com os pais do Rodrigo, filho único, menos de dez dias após sua morte. Dona Sônia, sua mãe, já esperava meu contato, então, para poupar ambos de uma conversa muito emocional, tentei enviar as ideias por mensagem, mas ela, corajosa, me respondeu com uma chamada por vídeo. Não minto: apesar de feliz pela possibilidade da publicação, estava muito tenso e inseguro sobre como abordar o assunto, então só consegui atender a ligação depois do terceiro toque.

Como previa, foi uma das conversas mais difíceis da minha vida. Nossas falas eram entremeadas por silêncios, eu de olhos marejados, um luto pesado no ar e que fez com que Seu Paulo, pai do Rodrigo, tivesse que assumir o leme de nossa conversa. Deixo registrada aqui a admiração pela força de ambos, e a autorização para que eu pudesse seguir em frente com um projeto que traria tantas memórias boas — e remexeriam eventos sobre a perda tão recente.

Depois de tudo pronto, reli as obras que havia publicado há muitos anos e que, pela generosidade de tantos profissionais, estão disponíveis para você agora. Rodrigo sempre foi um gênio, e as duas obras que disponibilizamos são extremamente atuais, registros únicos, colocados no papel pela pessoa mais adequada para fazê-lo.

Assim, celebramos, eu e todas as pessoas envolvidas, essas novas edições como uma continuidade da sua vida e esperamos que você encontre tanta felicidade ao lê-las quanto Rodrigo encontrou ao fazê-las.

É o que vocês agora têm em mãos.

Pedro Almeida, o editor.

Almanaque da

Música Pop no Cinema

· Rodrigo Rodrigues ·

EDIÇÃO LIMITADA

Aos meus pais, Paulo e Sônia, sempre. E a todos os Soundtrackers, fixos e honorários, que dividem comigo a alegria de subir no palco para tocar os clássicos do cinema que inspiraram este livro.

Sumário

9	Apresentação
11	Prólogo
13	Introdução
18	Elvis Presley
24	007
32	The Beatles
38	A primeira noite de um homem
40	Sem Destino
42	Rocky
48	Os embalos de sábado à noite
50	Nos tempos da brilhantina
54	A História de Buddy Holly
56	Febre de Juventude
58	Mad Max
60	Fama
62	Os Irmãos Cara de Pau
64	Blues Brothers 2000
66	Flashdance
70	Negócio Arriscado
72	Os Caça-Fantasmas
74	Os Caça-Fantasmas II
76	Footloose - Ritmo Louco
78	Purple Rain
80	Um Tira da Pesada
82	Ruas de Fogo
84	Karatê Kid
88	Clube dos Cinco
92	De volta para o futuro
96	Em busca da vitória
98	Os Goonies

100 Mulher Nota 1000	**138** O guarda-costas	**180** Shrek
102 Curtindo a Vida Adoidado	**140** Tina	**184** Uma lição de amor
104 9 ½ semanas de amor	**142** Filadélfia	**186** Escola de *Rock*
106 Encruzilhada	**144** Forrest Gump – O contador de histórias	**188** Ray
108 Highlander – O Guerreiro Imortal	**146** Pulp Fiction - tempo de violência	**160** Johnny & June
110 Ases Indomáveis	**148** Os cinco rapazes de Liverpool	**192** Apenas uma vez
112 Labirinto – A Magia do Tempo	**150** Entrevista com o Vampiro	**194** Letra & Música
114 Dirty Dance – Ritmo Quente	**154** Don Juan de Marco	**196** Mamma Mia! – O filme
116 La Bamba	**156** The Wonders – O sonho não acabou	**200** O Lutador
118 A fera do *rock*	**158** Titanic	**202** Marley e Eu
120 Batman	**160** Prazer sem limites	**204** Homem de Ferro
122 Ghost - do outro lado da vida	**162** Armagedom	**206** Homem de Ferro 2
128 Uma linda mulher	**164** Cidade dos Anjos	**208** The Runaways – Garotas do *Rock*
130 Jovens demais para morrer	**166** O Mundo de Andy	
132 The commitments – loucos pela fama	**168** Detroit a Cidade do *Rock*	**211** Bibliografia
134 The Doors	**170** Quase Famosos	**213** Agradecimentos
136 Roobin Hood – O Príncipe dos Ladrões	**172** Alta Fidelidade	**215** Créditos das imagens
	174 Duets - Vem cantar comigo	
	176 Moulin Rouge – Amor em vermelho	

Apresentação

Não consigo conceber um filme sem trilha musical, sem música. É como o Gordo sem o Magro, Dean Martin sem Jerry Lewis, Os Monty Python sem o humor infame. Sou daqueles que fica indignado quando a Academia seleciona apenas duas canções como finalistas do Oscar 2012 (num ano onde existiam varias de qualidade) e mais ainda quando não escolhem "Real in Rio" como a vencedora. Que acha uma falta de ética quando o autor da trilha musical de *O Artista* (o premiado Ludovic Bource) usa uma faixa inteira enorme de Bernard Hermann (de *Um Corpo que Cai* de Hitchcock) e deixa o crédito escondido nos letreiros. Até hoje ainda conservo os Lps e *Video Discs* antigos simplesmente porque gosto da presença física das Capas, da mídia.

Confesso que eu tenho paixão por trilhas, sem preconceitos: podem ser de cinema, televisão ou mesmo de teatro, que para mim tem o mesmo valor. Todos os anos, em janeiro, minha amiga jornalista e membro dos votantes do Globo de Ouro Paoula Abou Jaoudé (e também compositora formada pela USC) grava para mim em mp3 todas as trilhas mais importantes da temporada. E as canções, obviamente. E para mim é um deleite. Até quando são ruins, ou derivativas, mesmo assim eu gosto. Acho a música a maior das artes, a musicalidade é um dom dos deuses.

Por isso que acho que todos os fãs de música como eu vão adorar este *Almanaque da música pop no cinema*, que está sendo lançado pelo meu amigo Rodrigo Rodrigues, quase como uma extensão do trabalho que ele tem feito junto com os Soundtrackers. Como eles dizem, a missão do grupo é "tocar ao vivo músicas que fizeram sucesso em filmes campeões de bilheteria".

Basta ver e ouvir o DVD, de preferência um show ao vivo, para constatar o belo trabalho que eles fazem. É impossível não ser invadido por uma memória afetiva, uma saudade gostosa com a lembrança de quando e com quem você ouviu aquelas canções pela primeira vez. Não tem como impedir de você se deixar soltar, pular, gritar, cantar ou namorar.

Sentimentos que você irá repetir ao ler e folhear esta Almanaque profusamente ilustrado e informativo, que é sem duvida a trilha musical dos nossos melhores momentos, um *replay* de nossa juventude. Como bom jornalista, Rodrigo prioriza a notícia, mas sempre com bom humor, olhar crítico e afetuoso. Está tudo que você gosta ali: as trilhas e canções de James Bond (com o devido respeito ao compositor John Barry) , Grease, dos Beatles, dos Bee Gees, os altos e baixos de Elvis Presley, Simon & Garfunkel, a saga *Rocky*, o emblemático *Easy Rider* e muito mais.

Ao Almanaque eu faço o elogio mais sincero: este é um livro que eu gostaria não apenas de ler, mas de ter, de folhear e rever. Sempre com prazer.

Rubens Ewald Filho

The Soundtrackers em 2012: Luis Capano, Paula Marchesini, Fabio Fiori, este que vos escreve, Danilo Barbaleco e Bruno Sutter

Prólogo

Ali pelos idos de 1994, ainda nos tempos de Colégio Marista São José, tive uma sacada depois de ganhar de um amigo que voltava do Japão um CD com trilhas de cinema. Basicamente, uma coletânea com canções de filmes da década de 80. Na hora, pensei: caramba, isso dá um *show*! Até ensaiei montar uma banda temática na época, mas a coisa não foi adiante. Só em 2008 consegui tirar a ideia da gaveta.

Resolvi batucar o texto acima porque este livro que você começa a folhear agora simplesmente não existiria se não fossem os Soundtrackers. Foi pesquisando trilhas para o repertório que comecei a fisgar curiosidades que acabaram entrando no roteiro dos *shows*, pontuando os diferentes *sets* e climas. Durante o processo percebi que poderia juntar material suficiente pra montar uma espécie de almanaque de trilhas, enfileirando filmes bacanas e suas *soundtracks*.

Mas não custa esclarecer uma coisa: quando digo por aí que toco numa banda de trilhas de cinema, logo perguntam:

— Então vocês tocam os temas de *Guerra nas Estrelas*, *E.T.* e *Superman*?

A resposta já fica na ponta da língua: não! Explico: o cine-grupo é uma "desculpa temática" para fazer um show de rock com um conceito por trás da coisa toda. Até porque, segundo dizem por aí, depois de Beethoven é tudo rock. E assim é o livro, um despretensioso guia de canções do universo *pop* que ajudaram a contar histórias na telona. Ao contrário de estudiosos mais radicais, o humilde autor aqui acha que os *hits* radiofônicos podem conviver pacificamente com o chamado *score* (música orquestrada) e até complementar as grandes trilhas instrumentais assinadas por mestres da escola sinfônica, como Ennio Morricone (*Cinema Paradiso*, *Os intocáveis*, *A Missão*), John Williams (*Tubarão*, *Caçadores da Arca perdida*, *Guerra nas Estrelas*), Maurice Jarre (*Dr. Jivago*, *Lawrence da Arábia*, *Passagem para a Índia*), Henry Mancini (*A Pantera Cor de Rosa*, *Bonequinha de Luxo*, *Moon River*) e Bill Conti (*Rocky - Um Lutador*, *Karatê Kid*, *Fuga para Vitória*). Aliás, é bom lembrar que não raramente estrelas do *pop-rock* colaboram com o cinema assinando temas instrumentais: Danny Elfman (ex-Oingo Boingo), Paul McCartney, Ry Cooder, Stewart Copland (baterista do Police), Carlos Santana e até Eric Clapton.

Let's get it on!

Rodrigo Rodrigues

Introdução

Nova York, 1927. O longa-metragem estrelado por Al Jolson, *O Cantor de Jazz*, trazia uma novidade que dividia opiniões: o *vitaphone*, engenhoca que sincronizava um rolo de filme de 10 minutos a um disco de 33 rotações. Era o início do som no cinema. Som mecânico, diga-se de passagem. Já que, na verdade, o cinema sempre teve som, só que ao vivo. Desde as primeiras sessões promovidas pelos irmãos Lumière, pianistas e até orquestras inteiras se encarregavam de sonorizar as películas, tocando partituras originais ou improvisando de acordo com o clima que as cenas pediam.

O tal do *vitaphone*, o "sound-on-film process", que possibilitou que o longa estrelado por Al Jolson se tornasse um divisor de águas, era o modelo mais evoluído de outros aparelhos não tão bem-sucedidos; desde o início do século XX técnicos e engenheiros quebravam a cabeça pensando num jeito de juntar imagem e som. Até que, em 6 de agosto de 1926, a traquitana finalmente funcionou. *Don Juan*, longa-metragem protagonizado por John Barrymore, trouxe a primeira trilha sonora composta especialmente para um filme e totalmente sincronizada com a película. O *film score*, assinado pelo trio William Axt, David Mendoza e Edward Bowes, foi gravado pela Orquestra Filarmônica de Nova York. Mas só em 1927, com *O Cantor de Jazz*, os diálogos entrariam na nova onda da sincronização. As humildes 354 palavras ouvidas durante a projeção, usadas basicamente para substituir aquelas telas pretas com legendas brancas, revolucionaram o jeito de fazer cinema e deixaram as plateias encantadas.

Nos anos seguintes, peças consagradas de Beethoven, Schumann, Chopin, Tchaikovsky, Mozart e Strauss seriam muito usadas como tapa-buracos entre uma fala e outra. O som sincronizado, de grande novidade, havia passado a problema para os produtores: o processo era caro e trabalhoso. Charles Chaplin, tão exigente quanto inovador, começou a compor as próprias trilhas. Mesmo assim, vários compositores começaram a se destacar no novo cenário, como Max Steiner, responsável pela famosa trilha sonora de *King Kong*, em 1933. Poucos anos depois, em 1939, um clássico de Walt Disney causaria impacto pela qualidade do som: a animação *Fantasia*, onde Mickey aparece como aprendiz de feiticeiro. A trilha caprichada fez com que o mercado entendesse de uma vez por todas o papel fundamental da música no cinema. Pelos próximos 20 anos, as portas dos estúdios de Hollywood ficariam escancaradas para uma leva de compositores dispostos a sonorizar produções cinematográficas: Franz Waxman, Dimitri Tiomkin, Alfred Newman, Bernard Herrmann e Elmer Bernstein, para citar alguns.

E foi assim até que, em meados dos anos 1950, o polêmico empresário de um então aspirante a rei do *rock* percebeu que com o cinema poderia matar dois coelhos com uma baforada de charuto só: realizar o sonho do comandado de se tornar uma estrela da telona e ainda faturar alguns milhares de dólares com as músicas cantadas nos filmes. Começava aí a contribuição da música *pop* às já estabelecidas trilhas sonoras orquestradas e, por tabela, à sétima arte.

Nos anos 1960, o Rei ganhou a luxuosa companhia de John, Paul, George e Ringo. Os Beatles sacaram que essa história de fazer filme para vender disco era realmente um grande negócio. Já na dpecada de 1970, a trilha que mais se destacou levava a assinatura dos irmãos Gibb, os Bee Gees, tanto nas telonas como nas pistas de dança.

Mas o *boom* da cultura de massas ficou para os sempre revisitados e controversos anos 1980. Foi na considerada "década perdida" que o cinema e a música *pop* se juntaram de vez. Não por acaso, grande parte do livro que você tem em mãos se escora na produção cinematográfica e musical do decênio que virou almanaque *best seller*, ganhou festas temáticas pelo país e foi retratado em diversos especiais de TV. O que pintava na telona tocava no rádio: Tina Turner, Prince, Simple Minds, Madonna, Huey Lewis, Kenny Loggins, Cindy Lauper, Survivor, Peter Cetera, David Bowie e Irene Cara.

Já nas décadas de 1990 e 2000, clássicos como "Pretty Woman", "Best of my Love", "Let's get it on", "Lady Marmalade", "Dancing Queen" e "Back in Black" foram redescobertos. Isso sem falar nas canções especialmente compostas para ajudar a contar as histórias em *The Wonders*, *Letra & música* e *Escola do Rock*.

Enquanto houver cinema, haverá música. Leia o livro, veja os filmes e ouça as trilhas.

Jazz Singer,
primeiro filme com trilha sonora

Elvis Presley

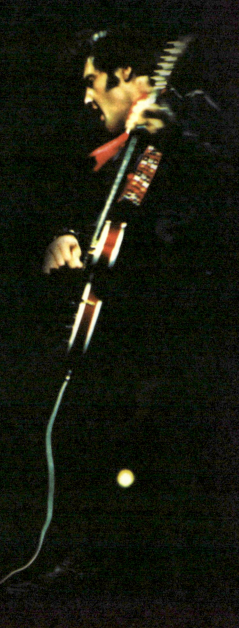

"Seus filmes nunca lhe darão um Oscar, são bons só para ganhar dinheiro"

OS FILMES

Filmes que alimentam discos, e discos que alimentam filmes. Essa era a filosofia de trabalho do implacável empresário do rei do *rock*, o "Coronel" Tom Parker. Os longas-metragens estrelados por Elvis Presley eram uma máquina de dólares, faturaram ao todo mais de 150 milhões em bilheterias. E as trilhas sonoras, claro, pegavam carona nesse sucesso. "Seus filmes nunca lhe darão um Oscar, são bons só para ganhar dinheiro", profetizava o polêmico empresário. Entre 1956 e 1969, Elvis estrelou 31 filmes, mais do que Marilyn Monroe fez em toda sua carreira, e chegou a ser o ator mais bem pago de Hollywood, mesmo sem saber interpretar. Um executivo dos estúdios MGM chegou a dizer nos anos 1960 que os filmes do cantor nem precisavam de títulos, bastavam ser numerados que continuariam enchendo as salas de exibição.

Mas, depois de 14 anos, a fórmula galã-mulherengo-encrenqueiro-cantor gerou certo desinteresse em Elvis, que reclamava com razão da baixa qualidade dos filmes. De 1965 em diante, nem as trilhas funcionavam mais. O último longa do cantor foi *Ele e as Três Noviças*, com Mary Tyler Moore.

As trilhas dos filmes de Elvis Aron Presley dariam praticamente um almanaque inteiro, por isso a solução foi pinçar as músicas mais famosas dos filmes mais bacanas, as que chegaram ao topo das paradas. E em vez de listar os álbuns filme por filme, na seção tracklist, a opção foi colocar o CD *Elvis at the movies*, lançado em 2007, que traz um apanhado das canções do rei no cinema.

Elvis Presley

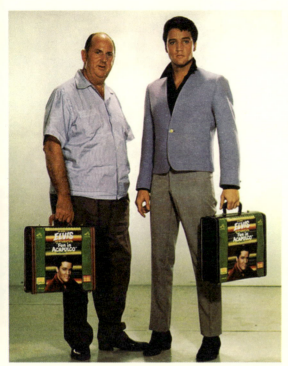

Coronel Parker / Elvis Presley

AMA-ME COM TERNURA/1956 (LOVE ME TENDER)

A estreia em Hollywood foi a realização de um sonho antigo. Mas nesse primeiro longa Elvis foi codjuvante e morreu no final. O destaque da trilha, claro, é a música que dá nome ao filme em inglês, "Love me tender". Acontece que o título do longa era *The Reno Brothers* [Os irmãos Reno] e o papel de Elvis era discreto, mas no decorrer das filmagens perceberam que aumentar a participação do cantor era uma boa pedida. A gravadora RCA recebeu mais de um milhão de encomendas pela canção, o que fez de "Love me tender" o primeiro *single* a ganhar disco de ouro antes mesmo de lançado.

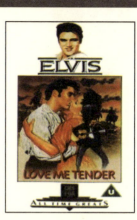

O PRISIONEIRO DO ROCK/1957 (JAILHOUSE *ROCK*)

O terceiro filme de Elvis Presley, o primeiro pelos estúdios MGM, é apontado como um dos melhores na carreira do cantor-ator. É o segundo filme da chamada "trilogia rebelde", que mostrava Elvis como um jovem transgressor e incompreendido. A cena do número de dança na prisão com a música-tema do filme ao fundo foi coreografada pelo próprio Elvis. Muita gente considera a sequência um dos primeiros videoclipes da história do *rock*. A canção é de autoria da dupla Jerry Leiber e Mike Stoller, também responsável pelo *hit* "Hound dog". Jerry conta nos bastidores: "Viajamos para Nova York e ficamos numa suite de hotel com um piano, colocado lá especialmente para nós. Uma semana depois de muita diversão em restaurantes, teatros e clubes de *jazz*, o produtor bateu à nossa porta, pegou uma cadeira, sentou e avisou 'não saio daqui sem as músicas do filme'. Só sei que cinco horas depois tínhamos quatro músicas, incluindo 'Jailhouse *rock*'". Em 2004, *O Prisioneiro do Rock* entrou para o Registro Nacional de Filmes dos Estados Unidos (United States National Film Registry) por sua relevância cultural. Lisa Marie Presley, filha de Elvis, considera *O Prisioneiro do Rock* um de seus filmes preferidos dentre os que seu pai atuou.

Almanaque da Música Pop no Cinema

FEITIÇO HAVAIANO / 1961 (BLUE HAWAII)

Chad Gates é um milionário herdeiro que não dá a menor bola para os negócios da família e resolve virar guia turístico no Havaí. No roteiro da comédia que virou um dos grandes sucessos de bilheteria de Elvis, muita diversão, música e mulheres. Na primeira audição para a trilha, nenhum dos produtores do longa gostou da canção de George Weiss, "Can't help falling in love", mas Elvis insistiu e a música acabou entrando para o filme. O rei estava certo: esta virou a canção de amor mais popular entre os fãs, e era com ela que Elvis costumava encerrar seus *shows*. A trilha de *Feitiço Havaiano* alcançou o primeiro lugar nas paradas em 1961, de onde não saiu por 20 semanas, recorde só quebrado em 1977 pelo grupo Fleetwood Mac.

> No roteiro da **comédia** que virou um dos grandes **sucessos** de bilheteria de **Elvis**, muita diversão, **música e mulheres**

GAROTAS, GAROTAS, GAROTAS/1962 (GIRLS! GIRLS! GIRLS!)

Elvis ataca de Ross Carpenter, um piloto de barcos pegador, que, claro, vivia se metendo em confusão por causa de garotas. Na trilha, "Return to sender", um Presley clássico assinado por Winfield Scott e Otis Blackwell, os mesmos compositores de "Don't be cruel" e "All shook up". Blackweell também cedeu "We're coming in loaded" para a trilha sonora de *Garotas, Garotas, Garotas*.

"Return to sender" é sobre um cara que escreve uma carta para uma garota, que se recusa a ler e sapeca um "devolver ao remetente" no envelope. O sujeito custa a acreditar no que aconteceu e reenvia numa espécie de Sedex, para garantir que a moça vai receber. Quando a correspondência volta outra vez, ele resolve entregar pessoalmente. No início dos anos 1990, o correio dos Estados Unidos lançou um selo comemorativo com o rosto de Elvis estampado. Colecionadores enviavam cartas com o selo de Presley a endereços falsos só para receberem de volta com o campo "return to sender" marcado.

Elvis Presley

Elvis ataca de **Ross Carpenter**, um **piloto de barcos** pegador que, claro, vivia se **metendo em confusão** por causa de **garotas**.

Michele Carey

VIVA UM POUQUINHO, AME UM POUQUINHO/1968 (LIVE A LITTLE, LOVE A LITTLE)

Mac Davis e Billy Strange escreveram "A little less conversation" para este que é um dos últimos filmes de Elvis. Na época do lançamento da película, nenhum barulho, até porque a carreira cinematográfica do rei já estava em decadência. Mas a versão *remix* de 2002, feita pelo DJ Tom Holkenburg do grupo Junkie XL, foi parar na trilha do refilmagem de *Onze Homens e um Segredo* e alcançou o primeiro lugar das paradas britânicas. O título oficial da remixagem é "Elvis vs. JXL — A little less conversation". Esta foi a primeira vez que uma música do Rei recebeu autorização para ser remixada.

Elvis Presley

ELVIS AT THE MOVIES

TRACKLIST

DISCO 1
01. Love Me Tender
02. Loving You
03. Jailhouse *Rock*
04. Treat Me Nice
05. Hard Headed Woman
06. King Creole
07. G.I. Blues
08. Frankfort Special
09. Flaming Star
10. Lonely Man
11. Can't Help Falling in Love
12. Blue Hawaii
13. *Rock*-A-Hula Baby
14. Follow That Dream
15. King of the Whole Wide World
16. Return to Sender
17. One Broken Heart for Sale
18. They Remind Me Too Much of You
19. Bossa Nova Baby
20. Viva Las Vegas

DISCO 2
01. What'd I Say (Viva las Vegas)
02. Kissin' Cousins (Kissin' Cousins)
03. Little Egypt (Roustabout)
04. Do the Clam (Girl Happy)
05. (Such an) Easy Question
06. Tickle Me: I'm Yours
07. Shake That Tambourine (Harum Scarum)
08. Frankie and Johnny (Frankie and Johnny)
09. This Is My Heaven (Paradise, Hawaiian Style)
10. All That I Am (Spinout)
11. I'll Be Back (Spinout)
12. Long Legged Girl (With the Short Dress On) (Double Trouble)
13. The Love Machine (Easy Come, Easy Go)
14. ClambakeClambake (Clambake)
15. Let Yourself Go (Speedway)
16. Stay Away (Stay Away, Joe)
17. A Little Less Conversation (Live a Little, Love a Little)
18. Charro! (Charro!)
19. Clean up Your Backyard (Trouble With Girls, The (And How to Get Into It))
20. Rubberneckin' (Change of Habit)

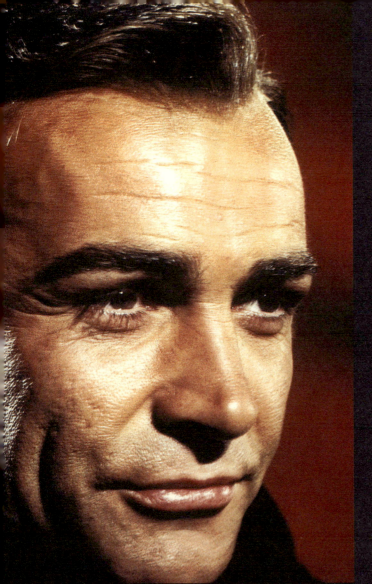

007

📷 OS FILMES

Até o fechamento deste livro, a franquia 007 é a mais longa da história do cinema. O agente secreto britânico James Bond, criado pelo escritor britânico Ian Fleming em 1953, contabilizou inacreditáveis 22 filmes. Nos livros, Bond era descrito como um homem "alto, moreno, de olhar penetrante, viril, de porte atlético e sedutor", ali entre os 30 e 40 anos, apreciador de mulheres e bebidas. Um exímio atirador com licença para matar e perito em artes marciais, a serviço da Rainha da Inglaterra.

Diversos atores encarnaram o sedutor agente na telona desde o primeiro filme da série, em 1962: Sean Connery (para muitos o melhor Bond até hoje), George Lazenby (que atuou apenas em 007 - A Serviço de Sua Majestade, de 1969), Roger Moore (que era pretendido pelos produtores antes mesmo de Connery), Timothy Dalton (recusado anos antes pela pouca idade), Pierce Brosnan (conhecido por ter "ressuscitado" 007 no cinema) e Daniel Craig (o malhado Bond atual).

Da esquerda para direita - George Lazenby / Sean Connery / Roger Moore / Timothy Dalton / Pierce Brosnan / Daniel Craig

007

Shirley Basset, Tom Jones e Nancy Sinatra emprestaram suas vozes aos álbuns de James Bond

Paul Mc Cartney

Tom Jones

John Barry

Mais uma vez, seria quase impossível listar aqui todas as trilhas, então reuni pelo tema do personagem uma seleção das melhores músicas que mais se destacaram no cenário *pop* entre 1962 e 2008, suas curiosidades e intérpretes. De cara, uma polêmica: Monty Norman compôs o clássico tema que sonoriza as aventuras do agente da rainha desde o primeiro filme da série, *007 Contra o Satânico Dr. No*, mas o arranjador John Barry, que escreveu trilhas para outros 11 filmes da franquia entre 1963 e 1983, reivindica parte dos créditos.

Dito isso, vamos às trilhas mais famosas. Mas antes é bom dizer que nomes como Shirley Basset, Tom Jones e Nancy Sinatra emprestaram suas vozes aos álbuns de 007, mas a música *pop* propriamente dita só deu as caras no início dos anos 1970. E tinha de ser pelas mãos de um outro cavaleiro da rainha da Inglaterra, o ex-beatle Sir Paul McCartney.

007 - VIVA E DEIXE MORRER/1973 (LIVE AND LET DIE)

John Barry, responsável pelas trilhas desde 1963, não estava disponível. Os produtores do filme resolveram chamar um tal de George Martin que convocou ninguém menos do que Paul McCartney para compor a música-tema. Chegaram a perguntar ao ex-beatle se haveria problema caso outro artista gravasse a canção, mas Paul foi taxativo: disse que só entraria no projeto se sua banda (Wings) registrasse o fonograma.

Quando o produtor Harry Saltzman ouviu a demo, indagou: "Ok, mas quem vai cantar isso?". George Martin respondeu de bate-pronto: "Paul McCartney, uma das maiores estrelas da música de todos os tempos". "Live and let die" foi o passaporte de 007 (na época interpretado por Roger Moore) para o topo da lista: chegou ao segundo lugar nas paradas norte-americanas, beliscou a sétima colocação nas britânicas e ainda foi indicada ao Oscar de melhor canção. Foi o tema mais bem-sucedido até então. Em 1991, o clássico dos Wings foi regravado pelo Guns N' Roses no álbum Use Your Illusion II, e chegou ao quinto lugar no Reino Unido.

Almanaque da Música Pop no Cinema

007 - O ESPIÃO QUE ME AMAVA/1977 (THE SPY WHO LOVED ME)

Foi o primeiro longa-metragem de Bond em que a música não tinha o mesmo nome do filme, mas a frase "o espião que me amava" ("the spy who loved me") aparece na letra. "Nobody does it better" é uma daquelas baladas melosas, composta por Marvin Hamlisch e Carole Bayer Sager. Foi gravada pela cantora Carly Simon e lançada como *single* na trilha original do filme. Fez um baita sucesso, ficou três semanas em segundo lugar nas paradas americanas e foi indicada ao Oscar de melhor canção. É o tema preferido de Roger Moore. "Ninguém faz melhor, literalmente. É uma magnífica canção que faz a trilha perfeita para o personagem e explica porque ele é melhor e mais popular do que os outros espiões do cinema", explica o ator. Em 1999, acabou dando nome à coletânea *The very best of Carly Simon*. É considerado o segundo tema de grande sucesso da franquia, empatado com "Live and let die".

007 - NA MIRA DOS ASSASSINOS/1985 (A VIEW TO A KILL)

John Barry está de volta, agora em parceria com o grupo Duran Duran para emplacar a música-tema de 007 mais vendida de todos os tempos, "A view to kill". A música foi gravada nos estúdios Maison Rouge e CTS em Londres, com uma orquestra de 60 instrumentistas. A parceria surgiu de um jeito inusitado: John Taylor, baixista da banda e fã dos filmes de James Bond, abordou o produtor Cubby Broccoli numa festa e perguntou: "Quando vocês vão fazer alguma música-tema decente?". A provocação virou papo sério e a rapaziada foi apresentada a John Barry. Simon Le Bon, cantor da banda, conta como foi trabalhar com Barry: "Nós levamos as ideias de música e ele ficou ouvindo. O processo todo foi muito rápido porque ele logo conseguiu separar as ideias boas das ruins. John fez um arranjo brilhante, e acabou virando uma espécie de sexto integrante do grupo".

Duran Duran

> **John Barry** está de volta, agora em parceria com o grupo **Duran Duran** para emplacar o "**Bond Theme**" mais vendido de todos **os tempos**

007

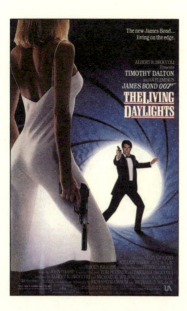

007 - MARCADO PARA MORRER/1987 (THE LIVING DAYLIGHTS)

Seguindo a linha *pop new-romantic*, os noruegueses do A-ha foram escolhidos para a trilha do décimo quinto filme da série. Detalhe: pela primeira vez um artista não inglês tinha uma música na *soundtrack*.

"The Living Daylights" inovou pela mistura de ritmos eletrônicos e orquestra. Mais uma vez, dedo de John Barry. Mas o trilhista não repetiu com o trio da Noruega o entrosamento mostrado com o grupo inglês dois anos antes, o que resultou em duas versões diferentes do mesmo tema: no disco da trilha ficou a mixagem feita por Barry, já no álbum do A-ha de 1988, *Stay on these roads*, ficou a versão da banda. Só em 2006, Pal Waaktaar, guitarrista do grupo, reconheceu o trabalho de Barry: "Eu adorei os detalhes que ele adicionou à gravação, era realmente um belo arranjo de cordas. Na minha opinião, foi quando realmente a coisa começou a soar como trilha de Bond".

007 - CONTRA GOLDENEYE/1995 (GOLDENEYE)

O primeiro filme da série com Pierce Brosnan no papel do agente. Os Rolling Stones foram convidados para compor a música-tema, mas não aceitaram. O grupo Ace of Base chegou a gravar uma opção, mas um rolo com a gravadora que representava o grupo nos EUA tirou os suecos da trilha de Bond (essa canção acabou sendo rebatizada de "The juvenile" e lançada no disco *Da capo*, em 2002). Fora isso, a trilha, que ficou a cargo de Eric Serra, foi muito criticada pelo clima *techno* e, na época, chegou a ser chamada de "muzak", gíria para "música de elevador". John Altman e David Arch compuseram os temas sinfônicos, usados principalmente em cenas românticas e na perseguição de tanques. No fim das contas, a música-tema, "GoldenEye", foi composta pela dupla Bono/The Edge do U2 e interpretada por Tina Turner. Os três eram vizinhos no sul da França. Um dia, numa visita dos irlandeses à casa de Tina, The Edge sentou ao piano e começou a tocar a música. A inspiração de Bono para a letra foi a lua de mel que passou com a esposa na casa de praia do escritor da série, Ian Fleming, que era chamada justamente Goldeneye. A faixa-título fez pouco barulho nas paradas, atingiu um tímido sétimo lugar na Inglaterra, e só.

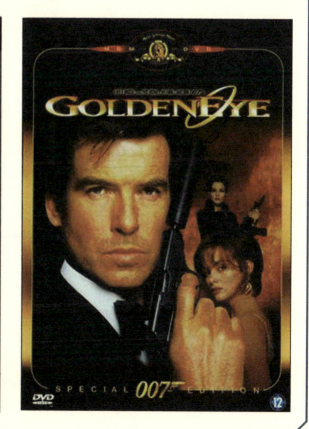

Almanaque da Música Pop no Cinema

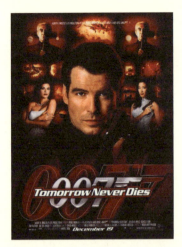

007 - O AMANHÃ NUNCA MORRE/1997 (TOMORROW NEVER DIES)

Por recomendação de John Barry, sempre ele, David Arnold foi escalado para fazer a trilha sonora do décimo oitavo filme da franquia. Arnold havia coordenado uma coletânea de *covers* de 007 anos antes, trabalho que impressionou Barry e gerou a indicação. A trilha, que mistura *techno* e orquestra, contou com a colaboração da banda Propellerheads na cena da perseguição no estacionamento. Moby, badalado artista de música eletrônica, também fez um *remix* do tema do espião. Doze músicas foram pré-selecionadas como possível música-tema. Coube à Sheryl Crow a responsabilidade de emplacar a canção que levava o nome do filme.

"Tomorrow never dies" entrou no top 20 das paradas inglesas em 1997. Curiosidade: outra música com o mesmo nome, composta por David Arnold e interpretada pela cantora K.D. Lang, deveria ter sido a canção-título do longa, mas acabou rebatizada de "Surrender" e só tocou nos créditos finais. A banda Pulp, outra candidata, lançou a versão rejeitada como "Tomorrow never lies" no lado b do *single* "Help the aged". "Tomorrow never dies" concorreu ao Globo de Ouro em 1998 como "melhor canção original", mas perdeu para a então imbatível "My heart will go on", tema do filme *Titanic*. A balada de Celine Dion também deixou para trás a trilha de 007 no Grammy Awards de 1999 na categoria "melhor canção escrita especialmente para cinema ou TV".

> Coube à **Sheryl Crow** a responsabilidade de **emplacar** a **canção** que levava o nome do **filme**

Sheryl Crow

007 - UM NOVO DIA PARA MORRER/2002 (DIE ANOTHER DAY)

Para um dos filmes mais rentáveis da franquia, e o último de Pierce Brosnan como 007, Madonna foi escalada para a trilha. A cantora também fez uma ponta no longa como Verity, uma instrutora de esgrima.

O single "Die another day", lançado em 2002, marcou o aniversário de 20 anos de carreira de Madonna e fez bonito nas paradas: número 8 nos EUA, terceiro lugar na Inglaterra e vendeu quase 200 mil cópias. Foi o tema mais bem-sucedido desde "A view to a kill", com Duran Duran.

A música também entrou no álbum American Life, lançado pela cantora em 2003. Madonna ainda utilizaria "Die another day" no documentário de 2005 *I'm Going to Tell You a Secret* [Eu vou contar a você um segredo] e nos *shows* da turnê Sticky & Sweet, em 2008. O produtor e compositor suíço Mirwais Ahmadzai foi parceiro de Madonna em "Die another day". Os arranjos são de Michel Colombier. Apesar de haver permanecido 11 semanas no topo das paradas, a música dividiu a crítica especializada e artistas. "É a pior trilha Bond de todos os tempos", vociferou Elton John. Nenhuma melodia da canção foi usada por David Arnold no decorrer do filme.

007 - CASSINO ROYALE/2006 (CASINO ROYALE)

Para a estreia de Daniel Craig na pele do agente da rainha, David Arnold foi novamente escalado, agora em parceria com Chris Cornell. Ex-vocalista das bandas Soundgarden e Audioslave, Cornell foi o primeiro cantor americano a gravar um tema de Bond e também o primeiro homem interpretando a música-título desde a trilha de 007 - Marcado Para Morrer. Chris incluiu a canção em seu segundo álbum solo, *Carry On*.

O vocalista foi convidado por Lia Vollack, presidente da divisão de filmes da Sony Music. Ela queria que "a música refletisse as novas direções dramáticas de James Bond". Cornell estranhou, achando que a canção não teria muito destaque no longa, mas topou. "Eu gostava muito dos filmes de 007, principalmente os de Sean Connery, mas não sou muito fã da última leva", confessou Chris à época.

Almanaque da Música Pop no Cinema

Chris Cornell

Mas quando soube da escalação de Daniel Craig para o papel, o roqueiro de Seattle se empolgou, chegou até a ir à Praga acompanhar as filmagens e se inteirar da trama, e acabou sendo apresentado ao compositor David Arnold. Dois encontros depois, em Praga e Paris, "You know my name" estava pronta. A dupla tocou todos os instrumentos na gravação, menos bateria. "A música tem DNA Bond", comemorava Arnold.

As influências de Cornell foram as trilhas de *007 - Contra a Chantagem Atômica,* interpretada por Tom Jones, e a já citada de *007 - Viva e Deixe Morrer*. "Eu decidi que cantaria como Tom Jones, no melhor estilo *crooner*, e 'Live an let die' é uma canção fantástica. No mais, eu pedi uma orquestra, não dava para fazer um tema de 007 sem orquestra. E como eu sabia que provavelmente não teria outra chance, quis me divertir o máximo possível", brincou o cantor. Antes de os produtores Michael G. Wilson e Barbara Broccoli anunciarem no dia 26 de julho de 2006 que Cornell havia sido o escolhido para compor a música-tema de *Cassino Royale,* vários nomes foram ventilados na mídia, como Tina Turner e Tony Christie, cantor inglês que fez sucesso nos anos 1970 com o *hit* "I did what I did for Maria".

Chris Cornell foi o primeiro **cantor americano** a gravar um tema de **Bond**

Daniel Craig

007

007 - QUANTUM OF SOLACE/2008 (QUANTUM OF SOLACE)

O primeiro dueto da história das trilhas de Bond. Jack White, dos White Stripes, e Alicia Keys foram escalados para a missão. Amy Winehouse queria ter feito a música-tema, chegou a dizer que tinha "tudo na cabeça", mas foi deixada de lado pelos produtores do filme. Sobre a parceria, Jack disse o seguinte: "Depois de algum tempo querendo fazer alguma coisa com Alicia, graças a James Bond isso finalmente aconteceu. Ela trouxe uma energia que oxigenou o processo. Foi muito inspirador". Alicia, gentilmente, retribuiu: "Juntos, nós criamos uma espécie de 'rock & soul'. Foi realmente interessante misturar os estilos. Não vai ser a última vez que trabalhamos juntos, isso é só o começo". David Arnold resolveu não se meter muito no processo dessa vez. "Conversei com Jack sobre como eu achava que a canção devia ser. Conversamos basicamente sobre pontos importantes da trama, mas dei toda liberdade. Ele é meio parecido com Prince nesse aspecto, gosta de ter as rédeas e dar conta do recado", explica o compositor. Além do primeiro dueto, outra novidade foi a disponibilização para *download* de "Another way to die" para o jogo de video game Guitar Hero World Tour. Uma versão instrumental foi usada em comercias da Coca-Cola. A música rodou o mundo nas paradas de sucesso: Finlândia, Alemanha, Áustria, Suíça, Bélgica, Dinamarca, Canadá, Austrália e Noruega. Nos Estados Unidos, figurou no *ranking* Hot 100 da Billboard.

TRACKLIST

01. James Bond Theme - John Barry & Orchestra
02. From Russia with Love - Matt Monro
03. Goldfinger - Shirley Bassey
04. Thunderball - Tom Jones
05. You Only Live Twice - Nancy Sinatra
06. On Her Majesty's Secret Service - The John Barry Orchestra
07. We Have All the Time in the World - Louis Armstrong
08. Diamonds are Forever - Shirley Bassey
09. Live and Let Die - Paul McCartney & Wings
10. The Man with the Golden Gun - Lulu
11. Nobody Does it Better - Carly Simon
12. Moonraker - Shirley Bassey
13. For Your Eyes Only - Sheena Easton
14. All Time High - Rita Coolidge
15. A View to a Kill - Duran Duran
16. The Living Daylights - a-ha
17. Licence to Kill - Gladys Knight
18. GoldenEye - Tina Turner
19. Tomorrow Never Dies - Sheryl Crow
20. Surrender - k.d. lang
21. The World is Not Enough - Garbage
22. Die Another Day - Madonna
23. You Know My Name - Chris Cornell
24. James Bond Theme - John Arnold (Bonus Track, Previously Unreleased)

Jack White

The Beatles

📽 OS FILMES

"Nada realmente me influenciou antes de Elvis Presley", disse John Lennon certa vez. Já Paul disparou o seguinte: "Foi Elvis quem realmente me colocou na música. Quando eu ouvi 'Heartbreak hotel', eu pensei: 'é isso!'". Mas não foi só na música que o rei do *rock* influenciou os garotos de Liverpool. John, Paul, George e Ringo não fizeram 31 filmes como Elvis, mas estrelaram quatro produções cinematográficas que merecem registro, nem que seja pelas trilhas. O cinema, na época, era grande divulgador de estrelas do *rock*. Inspirados por Presley, os Beatles viram na tela grande mais uma maneira de promover as músicas e alavancar a venda de discos.

OS REIS DO IÊ, IÊ, IÊ /1964 (A HARD DAY'S NIGHT)

A ideia inicial para a estreia dos *fab four* na telona era simples, fazer uma espécie de documentário explorando a beatlemania, que estava no auge. John, Paul, George e Ringo haviam acabado de conquistar os Estados Unidos, e a rotina dos meninos de Liverpool andava mesmo alucinada. Ringo conta: "Eu inventei a frase 'a hard day's night' [noite de um dia duro]. Simplesmente saiu. Tínhamos um compromisso, trabalhamos o dia todo e acabamos trabalhando a noite toda também. Eu saí achando que ainda era dia e disse 'it's been a hard day' [está sendo um dia duro], olhei em volta e acrescentei 'night' [noite]." Para a aventura cinematográfica, foi escalado o diretor "Dick" Lester – este foi o único filme de sua extensa filmografia que Richard Lester assinou com esse apelido. "Dick", que ficou famoso pela direção com câmera solta e pela edição ágil (bem ao estilo que os Beatles estavam procurando), sabia que a intenção do filme era mostrar mais as habilidades musicais do que dramatúrgicas do quarteto, por isso a banda recebeu papéis simples e falas curtas.

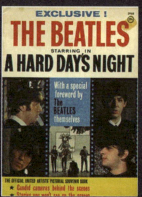

The Beatles

"o maior absurdo que se disse sobre o filme é que ele foi improvisado"

"O maior absurdo que se disse sobre o filme é que ele foi improvisado". Não foi. Na época eles tinham 22 ou 23 anos e nunca haviam atuado antes. Lendo o roteiro dá para perceber que nenhuma frase tem mais do que cinco ou seis palavras. Eles não decoravam mais do que isso. "Só Lennon improvisou", esclarece o roteirista Alun Owen. A trilha do filme foi o primeiro disco da carreira dos Beatles, com músicas totalmente compostas por eles. Sete delas foram feitas para o álbum, mesmo que sem nenhuma ligação direta com o longa-metragem. Owen explica: "Todas as canções, com exceção da faixa-título 'A hard day's night', foram compostas sem que eles soubessem o que eu estava escrevendo. Elas foram costurando o roteiro de um jeito improvisado, e nenhuma delas teve relação com a história. Eram apenas músicas soltas". "A hard day's night" chegou ao primeiro lugar nas paradas da Inglaterra e dos Estados Unidos.

Ringo

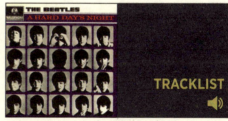

TRACKLIST

01. A Hard Day's Night
02. I Should Have Known Better
03. Can't Buy Me Love
04. If I Fell
05. And I Love Her
06. I'm Happy Just to Dance With You
07. Ringo's Theme (This Boy)
08. Tell Me Why
09. Don't Bother Me
10. I Wanna Be Your Man
11. All My Loving
12. She Loves You

Almanaque da Música Pop no Cinema

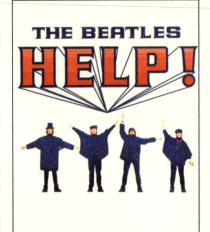

HELP! /1965 (HELP!)

O segundo longa dos Beatles e o primeiro em cores, que por pouco não se chamou *Eight Arms to Hold You* [Oito braços para segurar você] e teve Peter Sellers no elenco, foi filmado em Londres, Bahamas e Alpes Suíços. A história é surreal: a banda é perseguida por membros de um culto indiano que querem o anel que Ringo está usando. Dá até para entender o motivo de Ringo ter dito no documentário *Anthology* [Antologia] que "muitas cenas foram filmadas sob efeito de maconha". John se referia a essa fase como "o período da maconha". Por falar em John, é dele a música-título do filme. "Help!" explorava sua própria insegurança; ele andava comendo e bebendo muito, tinha engordado e se sentia incomodado com a fama. "Eu precisava de ajuda, a música era sobre mim", admitiu Lennon. A música, composta com a ajuda de Paul em Kenwood foi usada na sequência inicial, com cenas em preto e branco dos Beatles. Apesar dos *fab four* não terem gostado do filme por se acharem "meros figurantes", a trilha sonora lançada em agosto de 1965 salvou a pátria garantindo alguma mídia, até por ter chegado ao topo das paradas na Inglaterra e nos EUA.

TRACKLIST

01. You're Going To Lose That Girl
02. You've Got To Hide Your Love Away
03. Ticket To Ride
04. The Night Before
05. Need You
06. Another Girl
07. Help!

The Beatles

MAGICAL MYSTERY TOUR/1967 (MAGICAL MYSTERY TOUR)

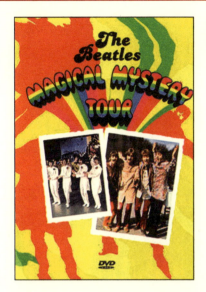

O terceiro filme dos Beatles é um "telefilme", ou seja, um longa-metragem produzido para ser veiculado na TV, e não nas salas de cinema. Na verdade, apenas o canal de TV britânico BBC aceitou transmitir o desacreditado *Magical Mystery Tour* [Turnê Mágico Mistério], e pagou o valor simbólico de 7 mil libras. No Brasil, o filme foi exibido pela MTV. Esse descrédito se explica pelo caráter experimental do projeto. Os Beatles estavam contaminados pelo clima da época e resolveram fazer um filme sem roteiro ou direção, praticamente improvisado na frente das câmeras. O plano era colocar a banda com um bando de atores e outros bichos muito loucos em uma viagem de ônibus *nonsense* pelo interior da Inglaterra. "A coisa toda será um mistério para todos, inclusive para nós", despistava Paul McCartney.

A história gira em torno de Ringo Starr e sua tia Jessie, que adquirem bilhetes para um passeio de ônibus considerado mágico e misterioso pelos seus organizadores. Além das músicas de The Beatles, participam com número musical os membros da banda Bonzo Dog Doo Dah Band que cantam a música "Death cab for Cutie" durante a sessão de *striptease* protagonizada por Jan Carlzon. O EP (*Extended Play*) com a trilha sonora foi lançado em compacto duplo na Inglaterra, e no resto do mundo, inclusive no Brasil, no dia 8 de dezembro de 1967. Só nos EUA foi lançado uma versão em LP (*Long Play*), que além das músicas do EP trazia outras canções que só haviam sido lançadas em 1967 num compacto simples. Só em 1976 este formato foi lançado em outros países.

TRACKLIST

01. Magical Mystery Tour
02. The Fool on the Hill
03. Flying"
04. I Am the Walrus
05. Blue Jay Way
06. Death Cab for Cutie
07. Your Mother Should Know"
08. Hello Goodbye"
09. Jessie's Dream"
10. All My Loving
11. She Loves You

... em Nova York **cáspsulas de Nembutal**
eram chamadas de "yellow submarine", mas Paul Negou.
"Eu sabia que teria implicações, mas realmente era uma música de criança", esclarece o baixista.

The Beatles

SUBMARINO AMARELO/1968 (YELLOW SUBMARINE)

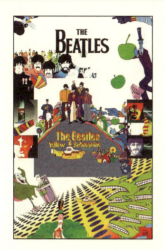

O quarto e último filme dos Beatles, lançado em julho de 1968, é uma animação. O curioso é que a música-título já havia sido lançada em 1966 no álbum *Revolver* e só em 1967, quando Lee Minoff escreveu a história baseada em letras de algumas músicas dos Beatles, que ela foi transformada em roteiro com a ajuda de Al Brodax, Jack Mendelsohn e Erich Segal. Bordax produziu e George Dunning dirigiu. George Martin, lendário produtor musical da banda, participou da trilha sonora com composições próprias.

O pano de fundo do desenho era Pepperland, um paraíso situado a oitenta mil léguas submarinas cercado de cor e música. Até que um dia os Blue Meanies atacam Pepperland para acabar com a festa. Os Beatles, mocinhos da história, embarcaram no submarino amarelo com o intuito de salvar a "terra da pimenta". Até chegarem ao destino, viajam passando pelo Mar do Tempo (onde cantam "When I'm sixty-four"), pelo Mar da Ciência (onde cantam "Only a northern song"), pelo Mar dos Monstros, pelo Mar do Nada (onde cantam "Nowhere man") e pelo Mar dos Buracos. No fim, tudo deu certo: John, Paul, George e Ringo devolveram a música, a cor e a alegria a Pepperland.

A ideia de Paul era escrever uma música de criança sobre um submarino colorido. Dá para resumir assim: um garoto que ouve histórias fantásticas de um velho marinheiro sobre suas explorações na "terra dos submarinos" decide navegar até lá. McCartney usou palavras curtas na letra porque queria que a garotada aprendesse rápido a cantar. Na época, acharam que o submarino amarelo era uma alusão às drogas — em Nova York cápsulas de Nembutal eram chamadas de "yellow submarine" —, mas Paul negou. "Eu sabia que teria implicações, mas realmente era uma música de criança", esclarece o baixista.

O álbum com a trilha sonora foi lançado seis meses após o filme, com algumas músicas dos Beatles presentes no longa e composições instrumentais de George Martin. Em 1999, a animação ganhou uma versão digital e o álbum com a trilha foi relançado com todas as canções dos Beatles presentes no filme, e dessa vez, sem as músicas de Martin. A lista de faixas abaixo é a do álbum de 1969.

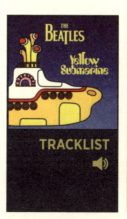

TRACKLIST

01. Yellow Submarine
02. Only a Northern Song
03. All Together Now
04. Hey Bulldog
05. It's All Too Much
06. All You Need Is Love
07. Pepperland
08. Sea of Time
09. Sea of Holes
10. Sea of Monsters
11. March of the Meanies
12. Pepperland Laid Waste
13. Yellow Submarine in Pepperland

A primeira noite de um homem
1967 (The Graduate)

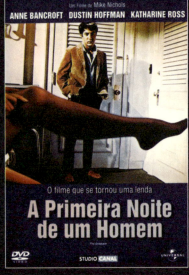

O FILME

O longa-metragem é baseado no livro *The graduate* [O formando], de Charles Webb, que conta a história de Benjamin Braddock, um universitário recém-formado que, indeciso em relação ao futuro, volta à casa dos pais para pensar no que fazer da vida.

Na festa de boas-vindas, Benjamin (interpretado por Dustin Hoffman, estreiando na telona) acaba conhecendo a mulher do sócio de seu pai, a Sra. Robinson (Anne Bancroft), e se deixa seduzir por ela depois de uma carona. Numa das cenas mais célebres do cinema, o personagem de Hoffman dispara a frase: "Mrs. Robinson, you're trying to seduce. Aren't you?" [Sra. Robinson, você está tentando me seduzir. Não está?] Para aumentar a confusão, Benjamin se interessa por Elaine (Katharine Ross), filha do casal Robinson. Furiosa com o romance, a Sra. Robinson revela a traição ao marido, que se vinga mudando com a filha e a mulher para longe de Benjamin, que passa o resto do filme procurando Elaine por todo o país. O filme também ficou conhecido pela trilha sonora assinada por Simon & Garfunkel.

> Numa das **cenas mais célebres** do cinema, o personagem de Hoffman dispara a frase:
> **Mrs. Robinson, you are trying to seduce me?**
> (Sra. Robinson, você está tentando me seduzir?)

A primeira noite de um homem

🎵 A TRILHA

Logo de cara, nas primeiras cenas do filme, que se passam no aeroporto, "The sound of silence" pode ser ouvida. A canção, de 1964, aparece ainda em duas outras tomadas. Foi o primeiro grande sucesso de Simon & Garfunkel, gravada inicialmente no álbum da dupla *Wednesday Morning, 3 A. M.* Essa primeira versão, acústica, vendeu apenas duas mil cópias. Até que o produtor Bob Johnston, famoso pelo trabalho com Bob Dylan, adicionou instrumentos elétricos à gravação. Foi a deixa para que a música estourasse nas paradas. "O segredo do sucesso de 'The sound of silence' está na simplicidade da melodia e da letra, que é meio atemporal. É jovem, mas também atinge os adultos. Nada muito sofisticado", explica Paul Simon. Mas a música que marca o filme é mesmo "Mrs. Robinson". O engraçado é que por pouco a canção não se chamou "Mrs. Roosevelt", mas Simon acabou mudando o nome a pedido dos produtores do longa. A inspiração foi provavelmente Eleanor Roosevelt, esposa do ex-presidente norte-americano Franklin Roosevelt e que foi embaixadora dos EUA na ONU. O trecho "We'd like to help you learn to help yourself. Look around you, all you see are sympathetic eyes" [Gostaríamos de ajudar você a aprender a ajudar a si mesma. Olhe ao seu redor, tudo o que você vê são olhares complacentes] reforça a teoria. Reza a lenda que a música completa não existia, mas apenas os trechos que foram usados no longa, e só depois Paul Simon teria terminado a letra e gravado a versão conhecida até hoje. O premiado compositor e pianista de *jazz* Dave Grusin colabora em cinco faixas da trilha sonora do filme. A *soundtrack* completa, produzida por Teo Maceroe e recheada com canções de Simon & Garfunkel, foi lançada em 21 de janeiro de 1968 pela Columbia Records. Nada de indicações ao Oscar, mas "Mrs. Robinson" levou o Grammy em 1969 como "música do ano".

Simon & Garfunkel

O filme também ficou conhecido pela trilha sonora assinada por Simon & Garfunkel

Dustin Hoffman

TRACKLIST 🔊

01. The Sounds of Silence – Simon & Garfunkel
02. The Singleman Party Foxtrot – instrumental
03. Mrs. Robinson – Simon & Garfunkel
04. Sunporch Cha-Cha-Cha – instrumental
05. Scarborough Fair/Canticle – instrumental
06. On the Strip – instrumental
07. April Come She Will – Simon & Garfunkel
08. The Folks – instrumental
09. Scarborough Fair/Canticle – Simon & Garfunkel
10. A Great Effect – instrumental
11. The Big Bright Green Pleasure Machine – Simon & Garfunkel
12. Whew – instrumental
13. Mrs. Robinson – Simon & Garfunkel
14. The Sound of Silence – Simon & Garfunkel

Sem Destino
1969 (Easy Rider)

 O FILME

O *road movie* que conta a história de dois motociclistas que cruzam o sul e o sudoeste dos Estados Unidos em busca da liberdade é a pedra fundamental da fase conhecida como "*new Hollywood*", uma espécie de "cinema novo" norte-americano. O longa-metragem, um marco na filmografia de contracultura, reflete o clima dos anos 1960: a ascensão e queda do movimento *hippie*, o uso de drogas, o estilo de vida comunal. Wyatt ou "Capitão América" (Peter Fonda) e Billy (Dennis Hopper) são uma espécie de Wyatt Earp e Billy the Kid das estradas. Depois de contrabandear drogas do México para Los Angeles, os motociclistas vendem a muamba para um homem (Phil Spector) em um Rolls-Royce.

Com o dinheiro da venda guardado em mangueiras dentro dos tanques de gasolina, eles partem para o leste na tentativa de chegar em Nova Orleans, Louisiana, a tempo para o *mardi gras*, um dos mais badalados carnavais do mundo. Peter Fonda conta como teve a ideia para o filme a partir de uma foto: "Eu me lembro o dia em que apareci com a ideia para *Sem Destino*, em 27 de setembro de 1967. Estava olhando uma fotografia minha e de Bruce Dern em frente a uma motocicleta. Numa imagem 18 x 24, nós parecíamos grandes, mas em contra-luz, de forma que ninguém poderia dizer que éramos nós. E isso me deu um estalo para fazer este filme". Fonda chamou Dennis Hopper e contou sobre a ideia de dois jovens experimentando a "liberdade total" enquanto cruzavam o país de motocicleta. Hopper, que estava pensando em abandonar a profissão de ator, acabou dirigindo o longa. Jack Nicholson, que era para ter sido o produtor-executivo, ficou com o papel do advogado alcoólatra George Hanson e dali seguiu para o estrelato.

Jack Nicholson, que era para ter sido o produtor-executivo ficou com o papel do advogado alcoólatra George Hanson e dali seguiu para o estrelato

Sem Destino

A TRILHA

A princípio, o desejo de Peter Fonda era contar com Crosby, Stills and Nash para a trilha sonora. Mas a *soundtrack* foi mesmo parar nas mãos do grupo Steppenwolf, formado em 1967. "Born to be wild" parecia ter sido feita sob encomenda para *Easy Rider*. O hino dos motociclistas foi o segundo *hit* do álbum de estreia da banda, chamado Steppenwolf. "Born to be wild" foi escrita por Mars Bonfire, também conhecido pelo nome artístico Dennis Edmonton. Ele não fazia parte da banda, mas era irmão de Jerry Edmonton, o baterista. "Eu estava andando por Hollywood Boulevard um dia e vi um cartaz numa janela com a frase 'born to ride' [nascido para montar] com a foto de um motociclista em chamas, como num vulcão em erupção. Eu tinha acabado de comprar meu primeiro carrinho, um Ford de segunda mão, e senti uma sensação de liberdade parecida com a do pôster, afinal, motorizado eu podia ir para onde quisesse", esclarece o compositor. John Kay, vocalista da banda, disse certa vez à *Rolling Stone*: "Todas as gerações se acham 'born to be wild' [nascido para ser selvagem], por isso é fácil para qualquer um se identificar com a canção". O clássico do Steppenwolf também é considerado pela crítica musical o primeiro *heavy metal* de todos os tempos. "The pusher", outra música do grupo de John Kay, abre o álbum da trilha, que também conta com The Byrds e The Jimi Hendrix Experience.

Steppenwolf

TRACKLIST

01. Pusher - Steppenwolf
02. Born to Be Wild - Steppenwolf
03. Weight - Smith
04. Wasn't Born to Follow - The Byrds
05. If You Want to Be a Bird - The Holy Modal Rounders
06. Don't Bogart Me [A/K/A Don't Bogart That Joint] - Fraternity of Man
07. If 6 Was 9 - The Jimi Hendrix Experience
08. Kyrie Eleison/Mardi Gras (When the Saints) - The Electric Prunes
09. It's Alright, Ma (I'm Only Bleeding) - Roger McGuinn
10. Ballad of Easy Rider - Roger McGuinn

Rocky
1976 a 2006

OS FILMES

Nos anos 1970, Sylvester Stallone vinha sobrevivendo como ator fazendo bicos e pontas, e perambulava por Hollywood com um roteiro debaixo do braço a procura de algum estúdio interessado em rodar um filme sobre um lutador de boxe atrás de uma grande chance. A inspiração de Sly para a criação do filme *Rocky* surgiu depois de assistir a uma luta de boxe em que o desconhecido Chuck Wepner aguentou heroicos 15 assaltos contra Muhammad Ali. O campeão, inclusive, chegou a beijar a lona. O difícil era convencer os produtores de Hollywood de que ele mesmo deveria interpretar o personagem-título do filme.

Stallone chegou a receber uma proposta de compra do roteiro por 150 mil dólares, mas com a condição de que ele cedesse o papel de protagonista ao ator Ryan O'Neal (o mesmo de *Uma História de Amor*/1970), mas Stallone recusou a oferta. Mesmo endividado, Sly não queria deixar passar sua grande chance. Já fizera centenas de testes e nunca havia sido chamado para um trabalho importante em Hollywood.

Depois de várias ofertas e recusas da parte dele, os produtores aceitaram que o ator estrelasse o longa e reduziram o valor proposto para o roteiro. Com o sucesso de público e crítica de *Rocky* maior do que o esperado (o longa chegou a levar o Oscar nas categorias de melhor filme, melhor diretor e melhor edição), o filme de pornografia *softcore* estrelado por Stallone no início da carreira, *Party at Kitty and Stud's*/1970 [Festa na casa de Kitty e Stud], foi rebatizado como *O Garanhão italiano* para pegar carona no apelido do lutador.

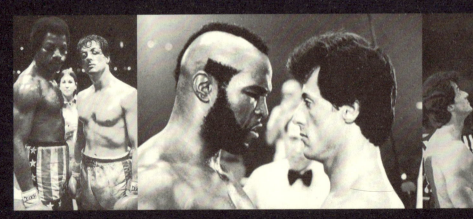

Rocky

Na sequência de *Rocky – O Lutador* vieram: *Rocky II - A Revanche*, no qual os fãs ganham a pedida revanche do duelo do herói com Apollo Creed (Carl Weathers); *Rocky III – O Desafio Supremo*, em que Balboa é provocado por Clubber Lang (Mr. T, que fez muito sucesso nos anos 1980 como o sargento B.A. da série *Esquadrão Classe A*); *Rocky IV*, quando surge o gigante russo Ivan Drago (Dolph Lundgren); *Rocky V*, em que o pupilo Tommy Gunn (Tommy Morrison) se volta contra o mestre e, finalmente, *Rocky Balboa*, uma espécie de volta às origens, onde Rocky resolve tornar real um desafio virtual proposto por um canal de TV.

♪ AS TRILHAS

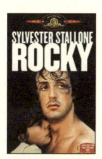

o **filme pornô light** estrelado por Stallone no início da carreira, "Party at Kitty and Stud's" **(A festa de Kitty e Stud/1970)**, foi relançado pegando carona no **apelido do lutador**: "The Italian Stallion" **(O Garanhão Italiano)**

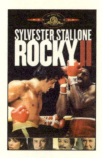

ROCKY I – UM LUTADOR/1976 (ROCKY I) e **ROCKY II – A REVANCHE**/1979 (ROCKY II)

Bill Conti compôs a trilha sonora incidental e a música-tema do filme, "Gonna fly now", que todo fã ardoroso da franquia gostaria de ouvir tocar enquanto sobe *à la* Rocky Balboa as escadarias do Museu de Artes da Filadélfia. A música instrumental ficou no topo das paradas da Billboard por uma semana.

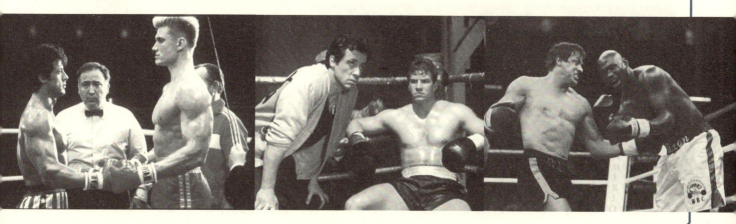

43

Almanaque da Música Pop no Cinema

Bill Conti compôs a trilha sonora incidental e o tema principal do filme, **"Gonna Fly Now"**

Bill Conti

Quando Bill Conti tocou o tema pela primeira vez para o diretor John G. Avildsen, a música ainda não tinha título. Avildsen ouviu e comentou: "É quase como se Rocky estivesse voando agora", daí o título "Gonna Fly Now" [Vamos voar agora]. Conti também compôs a trilha sonora das sequências, Rocky II, Rocky III, Rocky V e Rocky Balboa.

"Eye of the tiger" foi lançada em 1 de Janeiro de 1982 pela **banda americana** de *hard rock* **Survivor**

Survivor

ROCKY III – O DESAFIO SUPREMO/1982 (ROCKY III)

Escrita sob encomenda para *Rocky III*, "Eye of the Tiger" foi lançada em 1º de janeiro de 1982 pela banda americana de *hard rock* Survivor. A música ficou popular como hino esportivo, especialmente no boxe, e por um curto período foi usada de tema de entrada para o competidor de luta-livre Hulk Hogan, o mesmo que Stallone enfrentou numa luta-exibição no filme. A canção permaneceu por seis semanas na lista da *Billboard* das 100 músicas mais tocadas. "Eye of the Tiger" também alcançou a primeira posição no Reino Unido e Austrália, e ainda conquistou um Grammy. A inspiração da banda de Chicago foram as cenas do filme enviadas por Stallone.

Rocky

ROCKY IV /1985 (ROCKY IV)

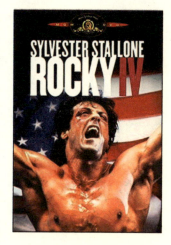

Em plena turnê ao lado do grupo Spedwagon, o pessoal do Survivor recebeu outra encomenda de Sly: ele gostaria que o grupo repetisse a parceria de sucesso de Rocky III compondo uma canção para a trilha do quarto filme da série. Com o *script* em mãos, a dupla Frankie Sullivan e Jim Peterik entrou em ação novamente e começou a trabalhar em "Burning heart".

Peterik conta: "Assim que a encomenda chegou, lembro de pegar a minha cópia do roteiro e sentar à piscina do hotel para uma leitura. Peguei meu *notebook*, escrevi algumas ideias e impressões tentando fisgar frases do texto para criar um conceito. Quando vi que a missão do Rocky era bater um gigante russo, percebi que a briga entre os dois iria além da luta em si, era uma batalha de ideologias entre os Estados Unidos e União Soviética. Esse foi o meu foco quando a letra começou a tomar forma, por isso a primeira linha diz 'Two worlds collide/ rival nations/ it's a primitive clash/ venting years of frustration' [Dois mundos colidem / nações rivais/ é um estrondo primitivo / descarregando anos de frustrações]. Mais uns dias de estrada e 80% da música estava pronta".

Outro *big hit* da trilha é "Living in America", cantada por ninguém menos que James Brown em pessoa na sala Ziegfeld do MGM Grand de Las Vegas

James Brown em cena de Rocky

O músico lembra que Stallone gostava de participar do processo. "Ele vinha sempre com um monte de sugestões e sabia o que queria. Originalmente, 'Burning heart' (que podemos traduzir como 'coração em chamas') se chamava 'The unmistakable Fire' (algo como 'fogo certeiro'). Aí ele veio e disse: 'Você não pode chamar essa música assim'. Acho que foi Frankie quem disse 'no início do refrão, ao invés de 'In the human heart just about to burst' [No coração humano, quase estourando], vamos cantar 'In the burning heart'. Eu estava evitando isso porque já existia uma canção chamada "Burning heart". Mas Sly estava sempre seguro do que queria ou não", finaliza Peterik. Outro grande *hit* da trilha é "Living in America", cantada por ninguém menos que James Brown em pessoa na sala Ziegfeld do MGM Grand de Las Vegas, na pré-luta entre Apollo e Ivan Drago, o gigante russo interpretado pelo ator Dolph Lundgren. Durante a inesquecível e ufanista cena, ele é creditado como "pai do soul". Em 1987, Brown acabou levando o Grammy de melhor cantor de R&B pela canção. "Hearts on fire", de John Cafferty & The Beaver Brown Band e "No easy way out", de John Tepper, reforçam a trilha do quarto e mais fantasioso filme da série.

Rocky

ROCKY V /1990 (ROCKY V)

Em termos de trilha (e filme) passou em branco. Lona total.

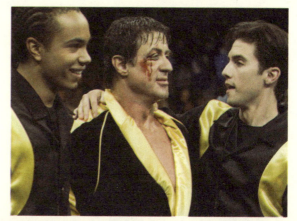

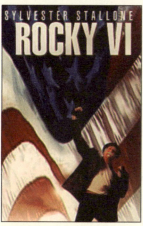

ROCKY BALBOA /2006 (ROCKY BALBOA)

Stallone chegou a encomendar a música-tema deste filme à cantora britânica Natasha Bedingfield, que seria a música "Still here", mas a história acabou não vingando. A única canção da trilha sonora do longa *Rocky Balboa* – que conta até com The Killers – que entrou no CD *The best of Rocky* é o rap "It's a fight", do grupo americano Three 6 Mafia. Grupo que, aliás, fez história quando levou o Oscar de melhor canção com "It's hard out here for a pimp", trilha do filme *Ritmo de um Sonho/2005* (foi a primeira vez que uma banda de *black music* levou a estatueta e se apresentou na cerimônia).

TRACKLIST

01. Gonna Fly Now – Bill Conti
02. Eye Of The Tiger – Survivor
03. Going The Distance – Bill Conti
04. Living In America – James Brown
05. Redemption – Bill Conti
06. Conquest – Bill Conti
07. Burning Heart – Survivor
08. Alone In the Ring – Bill Conti
09. Overture – Bill Conti
10. Mickey – Bill Conti
11. Hearts On Fire – John Cafferty
12. Rocky's Reward – Bill Conti
13. Adrian – Bill Conti
14. No Easy Way Out – John Tepper
15. Fanfare For Rocky – Bill Conti
16. It's A Fight – Three 6 Mafia
17. Gonna Fly Now (Remix) – Bill Conti (remix by John X)

47

Os embalos de sábado à noite

1977 (Saturday Night Fever)

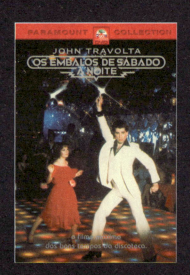

🎥 O FILME

Saturday Night [Noite de Sábado]. Esse era o nome do filme até que os Bee Gees incluíram na trilha uma música chamada "Night fever" [Embalo à noite]. Pronto, filme e música se misturaram de tal forma que ficou difícil separar o áudio do vídeo. Assim nascia o clássico *Os Embalos de Sábado à Noite*. O longa foi baseado num artigo de 1975 da *New York Magazine,* chamado "Tribal rites of the new Saturday night" [Ritos tribais do novo sábado à noite], que falava da febre da música disco que tomava conta dos jovens americanos. Na época, um patrão do ator John Travolta teria dito: "Se isso virar filme, o papel seria perfeito para você". O sujeito não poderia ter sido mais feliz no comentário, Travolta foi lançado ao estrelato e ainda recebeu uma indicação ao Oscar de melhor ator com o inesquecível personagem Tony Manero.

🎵 A TRILHA

Uma das trilhas sonoras mais bem-sucedidas da história do cinema. Desde que foi lançado, em 1978, o álbum já vendeu mais de 40 milhões de cópias. Só nos EUA, foi disco de platina quinze vezes e ficou nas paradas de sucesso em mais 20 países até 1980, inclusive aqui no Brasil. Ao Globo de Ouro, foram duas indicações: "melhor trilha sonora" e "melhor canção", com "How deep is your love". Grammys conquistados foram quatro: de melhor álbum, de melhor grupo vocal *pop*, de melhor arranjo vocal e de melhor produtor. Como já deu para perceber, a trilha dos irmãos Gibb foi tão importante para o filme quanto o próprio roteiro: das dezessete músicas do disco, oito são dos Bee Gees. Mas a missão era espinhosa, como lembra Robin Gibb: "A responsabilidade era grande, a gente vinha de dois discos de sucesso".

Bee Gees

Os embalos de sábado à noite

A **discoteca** mais badalada da **Big Apple** na época era o **Studio 54**, um símbolo **da disco music**

Ao mesmo tempo, segundo Barry Gibb, era uma "oportunidade de reinvenção" para o grupo. Barry conta ainda que Robert Stigwood (produtor do filme e da banda) ligou pedindo sugestões de músicas para um eventual roteiro de cinema. Horas depois, o telefone de Robert tocou, era Gibb retornando a ligação com duas sugestões: "Stayin' alive" e "Night fever". Ou seja, dá até para dizer que a música pintou antes do filme. O curioso é que a trilha foi composta bem longe da agitação de Nova York, onde o filme se passa, ou da badalação londrina. O estúdio de gravação, Chateau D'Hérouville, ficava na França. "Lembro de uma câmara de eco fantástica, provavelmente o salão de algum antigo Barão do século XVI", lembra Barry. É bom que se diga que nem todas as músicas que aparecem na trilha sonora foram compostas especialmente para a película; algumas foram puxadas de discos anteriores da banda. Mas como Travolta e todo o elenco ensaiavam com as canções já existentes enquanto as novas ficavam prontas, sucessos como "You should be dancing" acabaram entrando na compilação. A letra de "Stayin' alive" fala do efeito de Nova York sobre o homem, a vida noturna e jovens tentando encontrar um futuro. Símbolo da era disco, Studio 54, era a discoteca mais badalada da Big Apple na época. "Acho que Tony, de *Os Embalos de Sábado à Noite*, era um daqueles jovens", explica Barry Gibb. "O legado do filme é a música", finaliza outro Gibb, o Robin.

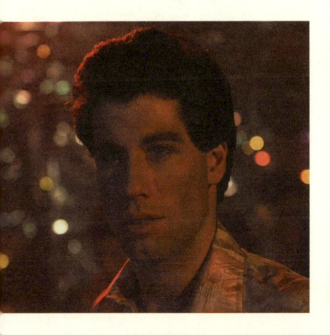

TRACKLIST

01. Stayin' Alive – Bee Gees
02. How Deep Is Your Love – Bee Gees
03. Night Fever – Bee Gees
04. More Than a Woman – Bee Gees
05. If I Can't Have You – Yvonne Elliman
06. 5ª Sinfônia de Beethoven – Walter Murphy
07. More Than a Woman – Tavares
08. Manhattan Skyline – David Shire
09. Calypso Breakdown – Ralph MacDonald
10. Night on Disco Mountain – David Shire
11. Open Sesame – Kool & the Gang
12. Jive Talkin – Bee Gees
13. You Should Be Dancing – Bee Gees
14. Boogie Shoes – KC and the Sunshine Band
15. Salsation – David Shire
16. K-Jee – performed by MFSB
17. Disco Inferno – The Trammps

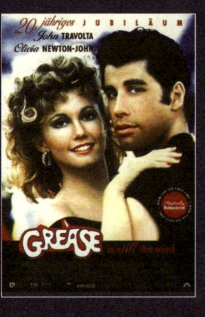

Nos tempos da brilhantina

1978 (Grease)

O FILME

Os produtores achavam que seria apenas mais um musical de sucesso entre os jovens, mas Grease virou um genuíno campeão de bilheteria no mundo todo e deu simplesmente 354 milhões de dólares de lucro só na época do lançamento, em 1978. Em 2006, entrou para a lista dos 25 maiores musicais americanos do American Film Institute (AFI). O longa é mais um produto da série livro-que-vira-musical-que-vira-filme.

O musical foi montado na Broadway em 1972 por Tom Moore e Patricia Birch, que também coreografou os atores para a versão cinematográfica. A história se passa na Califórnia dos anos 1950: Danny Zuko (John Travolta) e Sandy Olsson (Olivia Newton-John) se apaixonam nas férias do verão de 1959, mas logo se separam porque ela tem que voltar para a Austrália, sua terra natal.

Mas os planos de seus pais mudam e Sandy, por obra do acaso, acaba se matriculando na mesma escola de Danny, o Colégio Ryder. Para fazer gênero e dar uma de gostosão pegador na frente da rapaziada, Zuko de cara esnoba Sandy, mas logo volta atrás e se entrega ao amor pela loirinha. Em 1982, os produtores arriscaram uma sequência, mas Os Tempos da Brilhantina Voltaram não emplacou muito, apesar da presença de Michelle Pfeiffer em inicio de carreira.

Nos tempos da brilhantina

🎵 A TRILHA

É a terceira trilha sonora mais vendida de todos os tempos, segundo o Media Traffic. Logo na animação de abertura da versão cinematográfica, uma canção que não fazia parte do musical: a faixa-título "Grease". A ideia de encomendar uma nova música foi do produtor Robert Stigwood. "Pensei nessa possibilidade durante o processo de edição. Liguei para Barry Gibb, dos Bee Gees, e disse a ele que precisava de uma canção chamada 'Grease'. Ele, do outro lado da linha, respondeu: 'Grease? Que palavra mais estranha!'. Mas, meia hora depois, ligou de volta perguntando: 'o que você acha de Grease is the word?'. Era para os créditos finais, mas ficou tão boa que usamos para a abertura", lembra Stigwood. "Parece ter sido feita sob encomenda para a animação", completa o diretor Randall Kleiser. Mas a faixa indicada ao Globo de Ouro não foi cantada pelos irmãos Gibb, e sim por Frankie Valli, do grupo Frankie Valli & The Four Seasons, famoso no início dos anos 1960.

Frankie Valli

> Liguei para **Barry Gibb**, dos **Bee Gees**, e disse a ele que precisava de uma canção chamada **"Grease"**. Ele, do outro lado da linha, respondeu: **'Grease? Que palavra mais estranha!'**

Nos tempos da brilhantina

Outras músicas que entraram na trilha do longa também não estavam na peça original. Os produtores queriam pelo menos duas novas canções para exibir o talento de Olivia: "You're the one that I want", dueto com Travolta indicado ao Globo de Ouro e que levou disco de ouro em apenas 12 dias, e a balada "Hopelessly devoted to you", que substituiu "It's raining on prom night", a música solo da personagem Sandy no cinema, (que ficou na trilha, mas na voz da cantora Cindy Bullens) e foi indicada ao Oscar na categoria de "melhor canção original". Dá para dizer sem medo de errar que "Summer nights" é o grande número musical do filme. A canção composta para o musical do teatro pela dupla Jim Jacobs e Warren Casey resume as aventuras amorosas de Sandy e Danny, só que por perspectivas diferentes. Sandy, assistida pelas meninas do grupo Pink Ladies, narra uma história romântica e inocente. Já Zuko, ao lado da turma dos T-Birds, conta passagens exageradas e sacanas. Além de Travolta e Olívia, outros atores do filme também se arriscaram em números musicais. "Look at me, I'm Sandra Dee", cantada por Rizzo (Stockard Channing), é um exemplo. "É impressionante como Stockard se entregou nessa canção", elogia Randy, o diretor. Frankie Avalon, famoso ator e cantor dos anos 1950, aparece nos sonhos de Frenchy (Didi Conn) em "Beauty school dropout". "Lembro de Randy ter me pedido para parecer encantada na cena, hipnotizada. Mas nem precisei interpretar, eu realmente travei na frente das câmeras. Frankie Avalon foi meu ídolo na adolescência", lembra Didi. "Beauty school dropout" é até hoje a música mais pedida nos *shows* de Avalon.

No número final, "We go together", em que Olivia precisou ter a calça costurada no corpo de tão justa que estava, Jeff Conaway finalmente teve a chance de cantar um pouquinho mais. Na montagem teatral era Jeff quem interpretava Danny Zuko. John Travolta fazia Doody, papel que ficou com Barry Pearl no longa de 1978.

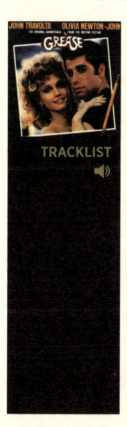

TRACKLIST

01. Grease — Franciquinane Valkli
02. Summer Nights — Danny, Sandy, Pink Ladies and the T-Birds
03. Look at Me, I'm Sandra Dee — Rizzo and the Pink Ladies
04. Hopelessly Devoted to You — Sandy
05. You're the One That I Want — Danny and Sandy
06. Sandy (Musica de Louis St. Louis, Letra de Scott J. Simon) — Danny
07. Beauty School Dropout — Frankie Avalon/Angels
08. Greased Lightning — Danny and the T-Birds
09. It's Raining on Prom Night — Radio
10. Alone at the Drive-in Movie (instrumental)
11. Blue Moon (Richard Rogers and Lorenz Hart) — Johnny
12. Rock 'n' roll is Here to Stay (D. White) — Johnny
13. Those Magic Changes — Johnny and Danny
14. Hound Dog (Jerry Leiber e Mike Stoller) — Johnny
15. Born to Hand Jive — Johnny and Cast
16. Tears on My Pillow (S. Bradford e A. Lewis) — Johnny
17. Mooning — Jan and Roger
18. Freddy, My Love — Marty
19. Rock 'n' roll Party Queen — Radio
20. There Are Worse Things I Could Do — Rizzo
21. Look at Me, I'm Sandra Dee (Reprise) — Sandy
22. We Go Together — Danny, Sandy, Kenickie, Rizzo, Marty, Sonny, Jan, Putzie, Doody, Frenchy, Eugene, Patty, Miss McGee and Coach
23. Love is a Many-Splendored Thing (Instrumental)
24. Grease (Reprise) — Frankie Valli

A História de Buddy Holly

1978 (The Buddy Holly Story)

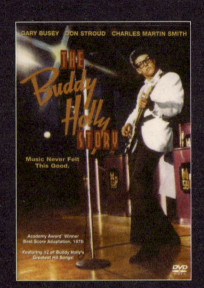

🎥 **O FILME**

Esta é a cinebiografia de uma das maiores lendas do *rock*: Charles Hardin Holley, mais conhecido como Buddy Holly. O filme mais famoso sobre "o dia em que a música morreu" acabou sendo *La Bamba*/1987, que viria quase 10 anos depois, mas Buddy estava no mesmo avião que vitimou Ritchie Valens em 3 de fevereiro de 1959. Aliás, reza a lenda que foi o cantor do Texas quem convenceu Valens a pegar o avião em vez de ficar congelando no ônibus da turnê The winter dance party.

O filme mostra o início da carreira de Buddy, desde "Cindy Lou", música que compôs para a primeira namorada, passando pelos dias de sucesso com "That'll be the day", "Words of love" (regravada pelos Beatles) e "Oh, boy". Gary Busey foi indicado ao Oscar em 1979 pelo papel do astro do *rock* que morreu tragicamente no auge da carreira aos 22 anos de idade. Em 1987, Paul McCartney, declarado fã de Buddy, lançou um documentário chamado *The Real Buddy Holly Story* [A História Real de Buddy Holly], uma espécie de resposta ao filme adaptado por Robert Gittler. O ex-beatle considerou o longa de 1978 impreciso, cheio de licenças poéticas, quase uma caricatura. No documentário, Paul aparece tocando trechos de canções de Holly ao violão, como "Words of love", regravada pelo quarteto de Liverpool no disco *Beatles for Sale*, de 1964.

Gary Busey

> **Buddy** estava no mesmo avião que **vitimou Ritchie Valens** em 3 de **fevereiro de 1959**

A História de Buddy Holly

🎵 A TRILHA

A trilha sonora é um desfile de clássicos do *rock* do contemporâneo texano de Elvis Presley. E todos interpretados pelos próprios atores, que tocaram e cantaram as músicas de Buddy em pleno *set* de filmagem; apenas algumas passagens de guitarra foram "dubladas" pelo músico Jerry Zaremba. Como o orçamento era apertado, quase todas as performances foram feitas em uma ou duas tomadas, o que acarretou em "pequenos acidentes de realismo", segundo o diretor Steve Rash. Pequenos deslizes de Gary, que por pouco não ficou com o papel do baterista dos Crickets pelo tipo físico, foram mantidos na edição final.

Entre algumas das imprecisões que irritaram Paul McCartney, deve estar a cena do *show* no teatro Apollo, em 1957, no qual Buddy toca músicas que ele só viria a compor em 1958! Há também diversas passagens em que ele empunha guitarras modelo Fender Stratocaster que só seriam lançadas nos anos 1970 (o filme se passa na década de 1950). Isso sem falar que Buddy nunca apareceu no palco empunhando uma Fender Telecaster, modelo que, no entanto, predomina nas cenas. Mesmo com toda essa confusão, *A História de Buddy Holly* levou o Oscar de melhor canção original/trilha sonora.

Gary Busey

Buddy Holly

TRACKLIST

01. Rave On – Gary Busey
02. It's So Easy - Gary Busey
03. True Love Ways - Gary Busey
04. Clear Lake Medley: That'll Be the Day/Oh Boy! /Peggy Sue/Maybe Baby - Gary Busey
05. I'm Gonna Love You Too - Gary Busey
06. Whole Lotta Shakin' Goin' On - Gary Busey and Jerry Zaremba
07. Well...All Right – Gary Busey
08. Listen to Me - Gary Busey
09. Maybe Baby - Gary Busey
10. Everyday - Gary Busey
11. Roller Rink Medley: Rock Around With Ollie Vee/That'll Be the Day – Gary Busey

Febre de Juventude

1978 (I Wanna Hold Your Hand)

 O FILME

Em fevereiro de 1964 os Beatles invadiram a América, ficaram lá por duas semanas e não deixaram pedra sobre pedra. A passagem dos *fab four* pelos EUA virou um especial de TV exibido na época e relançado em 2004 em DVD com o seguinte título: *The First U.S. Visit*.

E foi justamente essa primeira visita que inspirou um então diretor estreante Robert Zemeckis, garantido no projeto por ninguém menos que Steven Spielberg, a bolar uma história que poderia tranquilamente ter acontecido em plena beatlemania: quatro garotas e dois garotos fanáticos por John, Paul, George e Ringo viram Nova York de cabeça para baixo para assistir à primeira apresentação da banda no Ed Sullivan Show, dia 9 de fevereiro de 1964.

Como tantos outros filmes bacanas, a bilheteria foi fraca e a Universal Studios mal recuperou o modesto investimento de 3 milhões de dólares, mas a película é cultuada até hoje. "Lembro que a pré-estreia foi muito bacana, a plateia veio abaixo, mas aprendi uma lição: o sucesso inicial não garante sucesso comercial", explica o já consagrado diretor da série *De Volta para o Futuro*.

Febre de Juventude

🎵 **A TRILHA**

Não existe uma *soundtrack* oficial, até pelo fato de o filme não ter sido uma grande aposta da Universal. Fora isso, a liberação dos fonogramas originais dos Beatles inviabilizaria o disco. Mas, ao todo, 17 canções do quarteto de Liverpool podem ser ouvidas no longa. A começar pela própria faixa título, "I Wanna Hold Your Hand".

Os Beatles, claro, não aparecem no filme, mas os inconfundíveis instrumentos roubam a cena. A tomada em que Pam Mitchell (Nancy Allen) entra escondida no quarto de hotel da banda e beija o baixo Hofner de Paul McCartney é clássica. Ao fundo estão a Rickenbacker de John, a Gretsch de George e o bumbo da bateria Ludwig de Ringo.

Na sequência final, a apresentação dos Beatles no programa do Ed Sullivan que foi visto por 73 milhões de espectadores na época foi recriada em detalhes, desde o cenário até a banda *cover* perfeitamente ensaiada. Na montagem, as cenas foram misturadas aos *takes* originais e o resultado de 'She Loves You' é impecável, até emocionante. Tanto que Rosie Petrofsky (Wendie Jo Sperber), quase teve um treco.

TRACKLIST 🔊

01. I Want to Hold Your Hand - The Beatles
02. Please Please Me - The Beatles
03. I Saw Her Standing There - The Beatles
04. Thank You Girl - The Beatles
05. Boys - The Beatles
06. Twist and Shout - The Beatles
07. Misery - The Beatles
08. Till There Was You - The Beatles
09. Love Me Do - The Beatles
10. Do You Want to Know a Secret? - The Beatles
11. P.S. I Love You - The Beatles
12. Please Mister Postman - The Beatles
13. From Me to You - The Beatles
14. Money (That's What I Want) - The Beatles
15. There's a Place - The Beatles
16. I Wanna Be Your Man - The Beatles
17. She Loves You - The Beatles

Mad Max
1979 (MadMax)

 OS FILMES

Mad Max foi a franquia que transformou Mel Gibson em astro de cinema. O primeiro filme da série, lançado na Austrália em 1979 e só em 1980 nos EUA, é até hoje a maior bilheteria de um longa australiano. A frase "a few years from now" [Daqui a alguns anos], dá a dica que, em um futuro não muito distante, o caos pós-apocalíptico será instaurado. Num cenário devastado, gangues de motociclistas disputam o poder e aterrorizam a população por um pouco de gasolina. É aí que entra em cena Max Rockatansky (Mel Gibson), um policial que vai passar a trama tentando sobreviver e proteger a família.

Mad Max – A Caçada Continua/1981 (The Road Warrior) também foi dirigido pelo australiano George Miller. A disputa pelo petróleo continua na verdadeira "terra de Malboro" em que o deserto australiano se transformou. Max, remoendo as dores do passado e transtornado com a perda da família, vaga pelas estradas abandonadas em seu envenenado Ford Falcon v8 indiferente ao perigo das intermináveis guerras pelas últimas gotas de gasolina.

No terceiro e último filme da série, **Mad Max – Além da Cúpula do Trovão/1985 (Beyond Thunderdome)**, a briga de Max agora é com Aunty Entity (Tina Turner), governante de Bartertown, uma cidade no deserto com regras primitivas e mortais. Banido do deserto, o "guerreiro das estradas" é salvo por um bando de jovens selvagens e acaba sendo eleito pelo grupo como uma espécie de messias que os levará a uma nova terra.

Abaixo Ford Falcon v8 usado no filme

Mad Max

Tina Turner, além de participar da **trama como atriz**, foi escalada para cantar a música-tema, **"We Don't Need Another Hero"**

Tina Turner

♪ AS TRILHAS

O *score* dos dois primeiros longas da franquia é assinado por Brian May, não o guitarrista do Queen, e sim um homônimo maestro e arranjador da Australian Broadcast Commission, a ABC, uma emissora de TV australiana. Já em Mad Max – Além da Cúpula do Trovão, a trilha instrumental ficou por conta do compositor Maurice Jarre e foi gravada pela Royal Philharmonic Orchestra. Foi também no terceiro filme da franquia que a música *pop* finalmente deu as caras: Tina Turner, além de participar da trama como atriz, foi escalada para cantar a música-tema, "We don't need another hero".

Tina vinha de *Private Dancer,* um álbum recheado de *hits*, e logo estava de volta às paradas graças à canção da dupla de compositores e produtores Terry Britten e Graham Lyle, também responsáveis por outro grande sucesso da cantora, "What's love got to do with it". As vozes ouvidas ao fundo, no refrão, são do coral do colégio King's House e foram gravadas no estúdio Abbey Road, em Londres. Mas foi com a música "One of the living", faixa dois da trilha lançada em 1985 pela Capitol Records, que a cantora levou o Grammy de "melhor vocal *pop* feminino" em 1986. A canção composta por Holly Knight, apesar de não tão conhecida, também alcançou a parada americana. O álbum com a trilha sonora conta ainda com uma versão instrumental de "We don't need another hero" e outras três faixas incidentais executadas pela já citada Royal Philharmonic Orchestra. O disco foi relançado em CD no ano 2000, sem uma faixa bônus sequer.

TRACKLIST

01. We Don't Need Another Hero (Thunderdome) - Tina Turner
02. One of the Living - Tina Turner
03. We Don't Need Another Hero (Thunderdome) [Instrumental]
04. Bartertown - Royal Philharmonic Orchestra
05. Children - Royal Philharmonic Orchestra
06. Coming Home - Royal Philharmonic Orchestra

Fama
1980 (Fame)

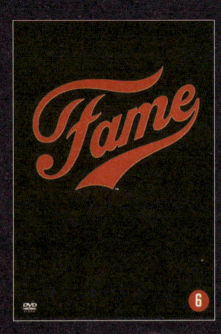

A balada "Out Here On My Own" figurou no Top 10 das paradas americanas em 1981

O FILME

O musical dirigido por Alan Parker quase se chamou *Hot Lunch* [Almoço Quente], mas como era o título de um filme pornô lançado quase na mesma época, os produtores optaram pelo título *Fama*. Ainda bem, né? *Fama* conta a história de oito adolescentes em busca de uma disputada vaga na High School of Performing Arts de Nova York, cada um com seu próprio estilo: aspirantes a atriz, cantora, bailarina, dançarino de rua e até a comediante. O rígido processo de seleção funciona como uma espécie de "Ídolos" de todas as artes, com candidatos talentosos e bizarros na mesma proporção. Apesar da High School of Performing Arts ter realmente existido entre 1948 e 1984, a maioria das cenas internas foi rodada no colégio Harlem. Já as tomadas externas foram feitas na 120 West com a 46th Street, mesma rua da escola de arte real. Em 2006, o filme entrou para a lista dos 50 melhores filmes sobre o ensino médio norte-americano da revista *Entertainment Weekly* e, já em 2009, ganhou uma nova versão dirigida por Kevin Tancharoen.

Fama

🎵 **A TRILHA**

Até Madonna fez audição para o elenco do longa, mas o grande nome de *Fama* foi mesmo Irene Cara. No papel de Coco Hernandez, a cantora interpretou os dois maiores sucessos do filme que estouraram nas paradas no início dos anos 1980: "Fame", a música-tema, ficou em primeiro lugar da Billboard por várias semanas. A balada "Out here on my own" figurou no Top 10 das paradas americanas em 1981 e, para quem não lembra, também estourou na voz da então garotinha Nikka Costa. A música-tema, composta por Michael Gore e Dean Pitchford, ganhou o Oscar no mesmo ano. Gore também levou uma estatueta para casa pela trilha sonora.

Irene ainda recebeu nomeações ao Grammy para melhor atriz revelação e melhor artista *pop*, isso sem falar na indicação ao Globo de Ouro como melhor atriz de cinema em musical. Quando *Fame* virou série de TV, de 1982 a 1987, Cara foi procurada pelos produtores para retomar seu papel como Coco Hernandez. Mas ela recusou, teve medo de manchar a consagrada atuação no longa. Erica Gimpel, pela semelhança física, ficou com o papel. Irene chegou a fazer uma participação especial num episódio de 1983, como uma aluna bem-sucedida cantando "Why me?", sua música de trabalho na época. Paul McCrane, o ruivinho cabeludo que interpreta Montgomery MacNeil no longa, canta duas faixas na trilha, "Dogs in the yard" e "Is it okay if I call you mine?". Agora, tente imaginar o ator careca e 25 anos mais velho. Sim, acredite se quiser, ele é o arrogante Dr. Robert Romano, da série *Plantão Médico*. Para a trilha do *remake* de 2009 a maioria das canções compostas é inédita. Da versão original, só estão mesmo a música tema e a balada "Out here on my own", ambas interpretadas por Naturi Naughton, ex-3LW.

Paul McCrane, Dr. Robert Romano da série E.R., canta algumas músicas no longa

Paul McCrane

Sandra de Sá, que na época era só Sá, gravou uma versão de "Fame" cunhada por Nelson Motta chamada "Soul de verão", que diz mais ou menos assim: "Vem, vem pro meu lado forever/Vem para bem dentro de mim/Vem, vem que eu vou longe e vou fundo/Vem que eu te faço feliz". Pano rápido.

TRACKLIST 🔊

01. Fame - Irene Cara
02. Out Here on My Own - Irene Cara
03. Hot Lunch Jam - Irene Cara
04. Dogs in the Yard - Paul McCrane
05. Red Light - Linda Clifford
06. Is It Okay If I Call You Mine? - Paul McCrane
07. Never Alone - Contemporary Gospel Chorus of the High School of Music and Art
08. Ralph and Monty (Dressing Room Piano) - Michael Gore
09. I Sing the Body Electric - Wade Lassister

Os Irmãos Cara de Pau
1981 (The Blues Brothers)

 O FILME

Não é exagero dizer que, nesse caso, a trilha nasceu antes do filme. Em 1978, os comediantes Dan Ayckroyd e John Belushi bolaram um esquete musical para o programa Saturday Night Live chamado Blues Brothers. A ideia deu tão certo que a história pulou da TV para os palcos em forma de um alucinado show de blues e soul. Em 1980, foi a vez dos irmãos cara de pau invadirem a telona.

A história começa com Jake Blues (John Belushi) saindo da prisão em liberdade condicional depois de dois anos em cana por roubo a mão armada sob a custódia de seu irmão Elwood (Dan Aykroyd). Jake e Elwood são cheios de estilo, vestem roupas e chapéus pretos, além dos indefectíveis óculos escuros Ray-Ban modelo Wayfarer...

Depois de uma visita ao orfanato cristão em que eles cresceram, ficam sabendo da situação financeira difícil da instituição, que deve uma grande quantia em impostos. O plano: conseguir fundos honestos para o orfanato por meio da apresentação da sua legendária banda de rhythm & blues. Sem demora, os irmãos começam a ir atrás dos antigos membros da banda. Mas no seu caminho encontrarão muitos percalços: perseguições da polícia, brigas com neonazistas e a fúria de uma ex-namorada de Jake, uma mulher misteriosa armada até os dentes.

Os Irmãos Cara de Pau

🎵 **A TRILHA**

A música-tema do filme, "Gimme some lovin", garantiu lugar entre os 40 sucessos do ano. O álbum da trilha sonora, lançado em junho de 1980, já era o segundo da banda Blues Brothers. O primeiro, *Briefcase full of blues*, gravado ao vivo no Los Angeles Universal Amphitheatre em 1978, chegou a atingir o primeiro lugar da lista das 200 mais tocadas da revista Billboard e a traçar um disco duplo de platina. O sucesso do filme abriu as portas para o lançamento de um novo disco ao vivo ainda 1980, o *Made in America*, que contava com o sucesso "Who's making love". As versões do filme não estão exatamente iguais às do álbum da trilha sonora. Colocaram até um coro feminino em "Everybody needs somebody to love" que não existiu no filme, além de que a banda nunca teve cantoras. O saxofonista Tom Scott e o baterista Steve Jordan, que estão no álbum, também não participaram do longa-metragem.

Dan Ayckroyd e John Belushi

Em 1978, os comediantes **Dan Ayckroyd** e **John Belushi** bolaram um esquete musical para o programa **Saturday Night Live** chamado **Blues Brothers**

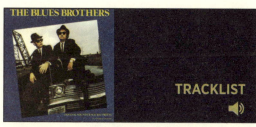

TRACKLIST 🔊

01.	She Caught the Katy
02.	Peter Gunn Theme - The Blues Brothers
03.	Gimme Some Lovin'
04.	Shake a Tail Feather - "Joliet" Jake Blues, Ray Charles
05.	Everybody Needs Somebody to Love
06.	Old Landmark - James Brown
07.	Think - Aretha Franklin
08.	Rawhide (Theme)
09.	Minnie the Moocher - Cabell "Cab" Calloway
10.	Sweet Home Chicago
11.	Jailhouse *Rock*

Blues Brothers 2000
1998 (Blues Brothers 2000)

 O FILME

No lugar do saudoso John Belushi, um outro gordinho divertido e talentoso: John Goodman. Agora quem sai da cadeia no início do filme, 18 anos depois, é Elwood; e descobre que muita coisa mudou enquanto esteve atrás das grades: Jake, seu irmão e parceiro havia morrido e a banda não existia mais, assim como o orfanato onde cresceu. A missão dessa vez é reunir o velho grupo para competir no concurso de bandas da rainha Moussette (Erykah Badu) e, de quebra, colocar um problemático órfão chamado Buster (J. Evan Bonifant) no caminho da redenção. No meio dessa confusão, ele tem de provar à polícia que não sequestrou o problemático orfão e que o chefe da polícia é seu meio-irmão.

Dan Ayckroyd e John Goodman

Blues Brothers 2000

🎵 A TRILHA

Nos vários números musicais estão Sam Moore, dentre outros. Com participações dos "deuses" do R&B como B.B. King e James Brown, entre várias perseguições de carro e situações divertidas criadas por Elwood. Aretha Franklin também reaparece. Entre as performances do filme estão "Respect", com Eddie Floyd, Wilson Pickett e Jonny Lang, e "John The Revelator", interpretada por um coral gospel liderado por Taj Mahal e James Brown. O ponto alto é o concurso de bandas no fim do filme, onde a a banda Blues Brothers enfrenta a Louisiana Gator Boys, banda formada simplesmente por B.B. King, Jeff Baxter, Gary U.S. Bonds, Eric Clapton, Clarence Clemons, Paul Shaffer, Jack DeJohnette, Bo Diddley, John Faddis, Isaac Hayes, Dr. John, Tommy McDonnell, Charlie Musselwhite, Billy Preston, Lou Rawls, Koko Taylor, Travis Tritt, Jimmie Vaughan, Grover Washington Jr., Willie Weeks, Steve Winwood.

No lugar do saudoso John Belushi, um outro gordinho divertido e talentoso: John Goodman

TRACKLIST 🔊

01. Born in Chicago - The Paul Butterfield Blues Band
02. Blues Don't Bother Me - Matt "Guitar" Murphy
03. Harmonica Musings - John Popper
04. Cheaper to Keep Her - Dan Aykroyd, Blues Brothers Band, Lonnie Brooks, Junior Wells
05. Perry Mason Theme - Blues Brothers Band
06. Looking for a Fox - Dan Aykroyd, Blues Brothers Band, John Goodman
07. I Can't Turn You Loose - Blues Brothers Band
08. Respect - Blues Brothers Band, Aretha Franklin 9. 634-5789 (Soulsville, U.S.A.) - Blues Brothers Band, Eddie Floyd, Jonny Lang, Wilson Pickett
09. Maybe I'm Wrong - Blues Traveler
10. Riders in the Sky (A Cowboy Legend) - Dan Aykroyd, Blues Brothers Band, John Goodman
11. John the Revelator - Faith Chorale, Taj Mahal, Sam Moore, Joe Morton, Sharon Riley
12. Let There Be Drums - Carl LaFong Trio
13. Season of the Witch - Blues Brothers Band, Dr. John
14. Funky Nassau - Dan Aykroyd, Erykah Badu, Blues Brothers Band, John Goodman, Joe Morton, Paul Shaffer
15. How Blue Can You Get? - Louisiana Gator Boys
16. Turn on Your Love Light - Dan Aykroyd, Blues Brothers Band, J. Evan Bonifant, John Goodman, Joe Morton
17. New Orleans - Blues Brothers Band, Louisiana Gator Boys

Flashdance
1983 (Flashdance)

🎬 O FILME

Difícil encontrar uma garota que tenha crescido nos anos 1980 que não tente imitar a coreografia de Alex Owens (Jennifer Beals) ao ouvir os primeiros acordes de "What a feeling", música-tema do filme que foi o terceiro mais assistido da década de 1980. *Flashdance* é uma espécie de romance musical que de certa forma bebeu na fonte do antecessor *Fama*: uma jovem cheia de garra e talento que faz de tudo para realizar o sonho de se tornar uma bailarina.

Durante o dia, trabalha como operária em uma construção, e à noite se vira como dançarina em discotecas. Na trama, ela acaba se envolvendo com Nick, engenheiro-chefe da obra, enquanto ensaia pesado para se candidatar à uma escola de dança de prestígio. Para encontrar a atriz certa para interpretar o papel de Alex, foram realizados testes por todo o país. Entre as finalistas, além da própria Jennifer Beals, estava também Demi Moore. O pôster do filme, com Jennifer Beals usando apenas um suéter com a gola bem esticada, virou marca registrada. Mas diz a lenda que o efeito foi obtido meio sem querer. A atriz teria deixado o agasalho tempo demais na lavadora, resultado: a peça encolheu. Para poder vestir o suéter na sessão de fotos, Beals teria cortado um bom pedaço da gola. Pronto, esse é o segredo da imagem clássica que ficou para a história.

Jennifer Beals

Flashdance

♪ A TRILHA

A consagração de Irene Cara. Depois do sucesso com a trilha de *Fama*, foi a vez da cantora nova-iorquina levar o Oscar de melhor canção original com a irresistível "What a feeling". Mas a trilha de *Flashdance* rendeu ainda outros prêmios à Irene: em 1984 o Grammy de melhor performance *pop* vocal feminino; o Globo de Ouro de melhor canção original e de melhor performance vocal na categoria feminina; o American Music Awards de melhor artista feminina de R&B e melhor canção *pop* do ano; melhor cantora *pop* negra contemporânea de *singles*; melhor artista *pop* negra contemporânea de *singles* e canção *pop* do ano. Tá bom, né?

O curioso é que Irene relutou em aceitar o convite para participar da trilha de *Flashdance*. Um de seus parceiros em "What a feeling", Giorgio Moroder, que compôs a música, era conhecido e respeitado pelos trabalhos com Donna Summer, e Cara temia sofrer comparações. Mas tudo se ajeitou e a cantora compôs as letras da canção em parceria com Keith Forsey enquanto dirigia o carro a caminho do estúdio em Nova York.

Irene Escalera

Depois do sucesso com a trilha de Fame, foi a vez da cantora nova-iorquina Irene Cara levar o Oscar de melhor canção original com a irresistível "What a felling"

67

Almanaque da Música Pop no Cinema

Em março de 2007, a United World Chart posicionou "Flashdance... What a Feeling" como a 22ª canção de maior sucesso na história da música. "Flashdance" também foi inserida nessa lista como a quarta canção mais bem-sucedida de uma cantora feminina, estando atrás apenas de Cher (com "Believe"), Celine Dion (com "My Heart Will Go On") e Whitney Houston (com "I Will Always Love You").

Mas nem só de Irene Cara vive a trilha de *Flashdance*. O cantor e guitarrista Michael Sembello é responsável por um outro sucesso do filme quase tão lembrado quanto a canção-tema: "Maniac". Sembello já havia trabalhado com gente do quilate de Stevie Wonder, Michael Jackson, Diana Ross, George Benson, Barbara Streisand e Stanley Clarke quando foi convidado a colaborar com a trilha do filme. O reconhecimento veio em forma de Grammy: "Maniac", do álbum Bossa Nova Hotel, levou o prêmio em 1983. Outra que tocou à exaustão nas radios no início dos anos 80 foi a balada "Lady, Lady, Lady", de Joe "Bean" Esposito. De quebra, ainda fazem parte da trilha: Donna Summer, Kim Carnes e Laura Branigan.

> **O cantor** e guitarrista **Michael Sembello** é responsável por um outro *hit* do filme quase tão lembrado quanto a **canção-tema**: "Maniac"

Flashdance

Michael Sembello ainda participou de muitas outras *soundtracks*: *Amantes de Verão*/1982, *Gremlins*/1984, *Cocoon*/1985, *Deu a louca nos Monstros*/1987, *Predador 2 – A caçada continua*/1990 e *Independence Day*/1996. Nos últimos anos, Michael vem se dedicando à música oriental e à espiritualidade.

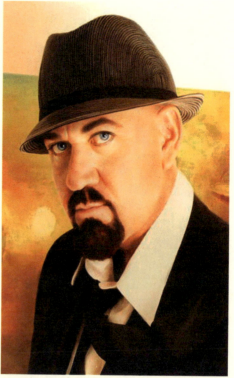

Michael Sembello

TRACKLIST

01. What a Feeling - Irene Cara
02. He's a Man - Shandi
03. Love Theme From Flashdance - Giorgio Moroder
04. Manhunt - Karen Kemon
05. Lady, Lady, Lady - Joe Esposito
06. Imagination - Laura Branigan
07. Romeo - Donna Summer
08. Seduce Me Tonight - Cycle V
09. I'll Be Here Where the Heart Is - Kim Carnes
10. Maniac - Michael Sembello

Negócio Arriscado

1983 (Risky Business)

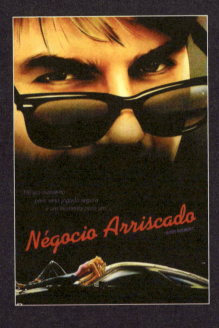

O FILME

O terceiro longa de Tom Cruise em Hollywood. Aos 21 anos, o ator precisou perder 10 quilos para parecer ainda mais novo no papel de Joel Goodson, um adolescente de Chicago que aproveita a viagem dos pais e transforma a casa, literalmente, num bordel. Um simples telefonema para a garota de programa Lana (Rebecca De Mornay) é a deixa para a confusão: logo a casa está replete de colegas de trabalho da garota de programa e seus clientes. Esse é o tal negócio arriscado em que Goodson se mete. O longa, lançado em 5 de agosto de 1983 e dirigido por Paul Brickman, foi um sucesso de bilheteria: custou apenas 6 milhões de dólares, uma mixaria já para os padrões hollywoodianos da época, e arrecadou dez vezes mais só nos Estados Unidos (cerca de 65 milhões de dólares).

Tom Cruise perdeu **10 kg** para parecer ainda mais novo no **papel do adolescente** de Chicago que aproveita a **viagem dos pais** e transforma a casa, literalmente, **num bordel**

Negócio Arriscado

🎵 A TRILHA

A cena pela qual o filme é lembrado está diretamente associada à trilha: Tom Cruise só de cueca e óculos Ray-Ban Wayfarer dançando ao som de "Old time rock 'n' roll", clássico de Bob Seger. Cena que, aliás, foi totalmente improvisada: no roteiro apontava que o ator deveria "dançar algum *rock*".

"Old time rock 'n' roll" é um dos poucos sucessos de Seger que não foi composto pelo próprio; a canção é de autoria da dupla George Jackson e Thomas Jones, apesar de Bob ter feito mudanças aqui e ali. A música não foi gravada pela Silver Bullet Band, tradicional grupo do músico, e sim pelos Muscle Shoals Rhythm Section, donos do estúdio no Alabama onde o *hit* foi registrado.

Jerry Masters, engenheiro de gravação do estúdio, conta como foi a sessão: "Nós trabalhamos na demo enviada por George Jackson e ficamos sem nada para fazer. A gravação estava realmente ótima, não havia muito a ser feito. Bob Seger chegou a tentar regravar o instrumental com a Bullet Band mas, depois de algumas tomadas, desistiu. No fim das contas, ele colocou a voz na gravação original. É um clássico". O grupo alemão Tangerine Dream usou algum material antigo para compor o *score* do longa, principalmente do disco *Force majeure,* gravado em 1979: a faixa-título do álbum foi a base para o tema de Lana, por exemplo; a introdução de "Cloudburst flight" reutilizada em "Guido the killer pimp", e "No future (get off the babysitter)" foi inspirada na faixa-título do disco *Exit*, de 1981. Ainda estão na trilha sonora o blueseiro Muddy Waters, o guitar hero Jeff Beck, Prince e o grupo de *hard rock* Journey.

O grupo alemão **Tangerine Dream** usou algum material antigo para **compor o *score*** do longa, principalmente do disco ***Force Majeure***, gravado em **1979**: a faixa-**título do álbum** foi a base para o **tema de Lana**

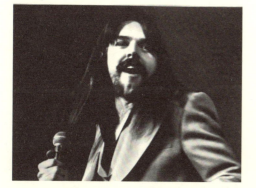

Bob Seger

TRACKLIST

01. Old Time Rock And Roll - Bob Seger
02. The Dream Is Always The Same - Tangerine Dream
03. No Future (Get Off The Babysitter) - Tangerine Dream
04. Guido The Killer Pimp - Tangerine Dream
05. Lana - Tangerine Dream
06. Mannish Boy (I'm A Man) - Muddy Waters
07. The Pump - Jeff Beck
08. D.M.S.R. - Prince
09. After The Fall - Journey
10. In The Air Tonight - Phil Collins
11. Love On A Real Train (Risky Business) - Tangerine

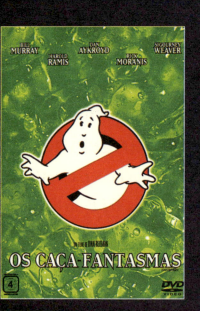

"Quem você vai chamar? Os caça-fantasmas!" A ideia dos atores-roteiristas Dan Aykroyd e Harold Ramis acabou se transformando num dos filmes mais cultuados dos anos 1980. Para você ter uma noção do sucesso, o longa arrecadou cerca de 230 milhões de dólares, mais do que *Indiana Jones e o Templo da Perdição* e apenas cinco milhões de dólares a menos que *Um Tira da Pesada*. As aventuras dos caçadores de fantasmas estão entre as 100 melhores comédias de todos os tempos nas listas do American Film Institute e do canal Bravo.

A história gira em torno de três professores de parapsicologia que perdem o emprego por serem considerados uma farsa pelo reitor da Universidade Columbia, em Nova York. Desempregados, os cientistas Peter Venkman (Bill Murray), Ray Stantz (Dan Aykroyd) e Egon Spengler (Harold Ramis) resolvem montar uma espécie de equipe "exterminadora de fantasmas", a Ghostbusters. O trio compra um edifício desativado do corpo de bombeiros, uma ambulância Cadillac Miller-Meteor 1959 caindo aos pedaços (o famoso Ecto-1) e divulga os serviços num tosco anúncio de TV.

Tudo parecia uma grande piada, até que entra em cena Dana Barrett (Sigourney Weaver), uma violoncelista assustada achando que um demônio habitava sua geladeira. É a deixa para os cientistas malucos ligarem suas engenhocas e saírem caçando manifestações ectoplasmáticas.

Os Caça-Fantasmas

🎵 A TRILHA

Quem assina a trilha sonora é o compositor Elmer Bernstein. Ray Parker Jr, escalado para compor a música-tema do filme, sofria de falta de inspiração aguda; levou dois dias seguidos tentando bolar alguma coisa sem nada lhe vir à mente. Até que viu um comercial de TV feito especialmente para o filme com um *slogan* que dizia "Quem você vai chamar?" e, às 4h30 da manhã, acabou escrevendo uma canção em forma de *jingle* que vendesse o trabalho dos caça-fantasmas. Deu tão certo que "Os Caça-Fantasmas" ficou três semanas em primeiro lugar nas paradas e foi indicada ao Oscar de melhor canção original.

Huey Lewis, que inicialmente declinou o convite para compor o tema dos caça-fantasmas porque estava ocupado criando a trilha de *De Volta Para o Futuro*, mais tarde processou Ray Parker Jr. por plágio, alegando que "Ghostbusters" era claramente inspirada em "I want a new drug" que ele gravara em 1983 com a banda The News. Em 2001, Parker devolveu o processo: Huey revelou em entrevista ao canal VH1 que havia feito um acordo financeiro com Ray, o que violava um segredo judicial. O videoclipe da música merece um parágrafo à parte: é considerado até hoje um dos responsáveis por alavancar a indústria de clipes. Dirigido por Ivan Reitman, mesmo diretor do filme, o curta musical conta com vários *takes* de Ray Parker em situações engraçadas, alternadas com cenas do filme e luxuosas participações especiais: Chevy Chase, Irene Cara, John Candy, Danny DeVito e Carly Simon.

Ray Parker Jr.

Elmer Bernstein

Who ya gonna call?
A pergunta serviu de inspiração para
Ray Parker Jr.
Compor o tema

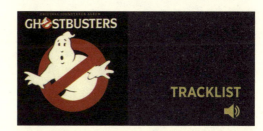

TRACKLIST

01. Ghostbusters - Ray Parker Jr.
02. Cleanin' up the Town - The Bus Boys
03. Savin' the Day – Alessi
04. In the Name of Love - The Thompson Twins
05. I Can Wait Forever - Air Supply
06. Hot Night - Laura Branigan
07. Magic - Mick Smiley
08. Main Title Theme (Ghostbusters)
09. Dana's Theme - Elmer Bernstein
10. Ghostbusters - Ray Parker Jr. (instrumental)

Os Caça-Fantasmas II

1989 (Ghostbusters II)

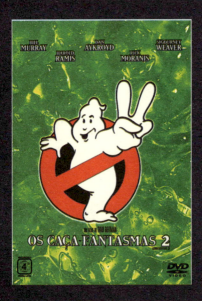

O FILME

Cinco anos depois da primeira aventura, os caça-fantasmas eram de novo uma grande piada em Nova York. Com a decadência, ganhavam algum trocado animando festas infantis, nem sempre com boa receptividade por parte da criançada, que recebia os cientistas aos gritos de "He-Man, He-Man!" Até que Dana Barrett ressurge assustada com manifestações sobrenaturais que rondavam seu bebê. Os caça-fantasmas retomam as atividades, tiram a poeira do arsenal antifantasmagórico e, de novo, salvam a cidade. Para desespero do cético e mal-humorado prefeito.

A TRILHA

Ray Parker assina a música-título mais uma vez, agora interpretada pelo grupo de *rap* Run-D.M.C. O tema original, ouvido no primeiro filme da série, não entrou no álbum da trilha de *Os Caça-Fantasmas II*. Outros destaques da *soundtrack* ficam por conta de Elton John com "Love is a cannibal" e Oingo Boingo, com "Flesh 'n' blood". A música, assinada pelo líder da banda, Danny Elfman, saiu primeiro na trilha de *Os Caça-Fantasmas II* e só foi aparecer num disco do Oingo Boingo cerca de um ano depois, em "Dark at the end of the tunnel".

Os Caça-Fantasmas II

Run-D.M.C

"Higher And Higher"
é interpretada pelo cantor de R&B
Howard Huntsberry

Howard Huntsberry

"On our own", primeira faixa do disco, é cantada por Bobby Brown, que faz uma ponta no filme como porteiro. A música é assinada por Babyface, em parceria com L.A. Reid e Daryl Simmons. Já "Higher And Higher" de Gary Jackson, Carl Smith e Raynard Miner tem duas versões: a original, cantada pelo inconfundível Jackie Wilson (o mesmo que aparece na trilha de La Bamba com "Lonely teardrops"), que não está no disco, e a interpretada pelo cantor de R&B Howard Huntsberry.

01. On Our Own - Bobby Brown
02. Supernatural
03. Promised Land - James "J.T." Taylor
04. We're Back - Bobby Brown
05. Spirit - Doug E. Fresh,
06. Ghostbusters
07. Flesh 'n' Blood - Oingo Boingo
08. Love Is a Cannibal - Elton John
09. Flip City - Glenn Grey
10. Higher and Higher - Howard Huntsberry

Footloose - Ritmo Louco
1984 (Footloose)

O FILME

Para interpretar o protagonista de *Footloose*, Ren McCormick, os produtores estavam à caça de um ator com pinta de adolescente e talento para a dança. Pela antológica cena de *Negócio Arriscado*, eles pensaram em Tom Cruise. Como o então aspirante a galã estava comprometido com outro projeto, o convite foi feito a John Travolta, que declinou. O papel por pouco não ficou com Rob Lowe, que foi testado três vezes e aprovado. Mas uma contusão no joelho do ator de *Vidas Sem Rumo*/1983 fez com que Kevin Bacon viesse, literalmente, à baila.

Kelvin Bacon

A história gira em torno de um rapaz da cidade grande que se muda para uma cidadezinha do interior. Disposto a organizar uma festa de formatura, Ren acaba descobrindo que bailes são proibidos na cidade. Para piorar, se apaixona por Ariel Moore (Lori Singer), filha do conservador reverendo Shaw Moore (John Lithgow), responsável pelo banimento da dança no lugarejo por causa da morte de seu filho.

> **Rob Lowe** foi testado **três vezes e aprovado**. Mas uma **contusão** no joelho fez com que **Kevin Bacon** viesse, literalmente, **à baila**.

Footloose - Ritmo Louco

🎵 **A TRILHA**

Um especialista em trilhas de cinema *pop* foi escalado para dar conta da música-tema: Kenny Loggins. Além de "Footloose", o cantor americano participou das *soundtracks* de *Clube dos Pilantras*/1980, *Rocky IV*/ 1985, *Ases Indomáveis*/1986, *Falcão – O Campeão dos Campeões*/1987 e *Clube dos Pilantras II*/1988. "Footloose" foi mesmo o grande sucesso de Loggins. Ele ganhou fama internacional quando o filme rodou o mundo. A música foi composta num quarto de hotel em Lake Tahoe, em Nevada. Kenny estava em turnê e se recuperava de uma queda num *show* em Provo, que lhe deixou como saldo umas costelas quebradas. A letra foi escrita pelo diretor do longa, Dean Pitchford, que também assinou "Let's hear it for the boy", interpretada por Deniece Williams.

A inspiração para a música foi a clássica cena do filme onde Kevin Bacon pena para tentar ensinar o saudoso Christopher Penn (sim, ele era irmão de Sean Penn) a dançar. "Let's hear it for the boy" foi o segundo grande sucesso de Deniece Williams e também da trilha de *Footloose*, que teve as duas músicas indicadas ao Oscar de melhor canção original. O álbum com a trilha sonora também concorreu ao Grammy e ao Globo de Ouro. O disco, aliás, tirou Thriller, de Michael Jackson, do primeiro lugar nas paradas. Sammy Hagar e Bonnie Tyler também participam da trilha, com "Holding out for a hero" e "The girl gets around".

Kenny Loggins

Um especialista em trilhas de cinema *pop* foi escalado para dar conta da música-tema: Kenny Loggins

TRACKLIST 🔊

01. Footloose - Kenny Loggins
02. Let's Hear It for the Boy - Deniece Williams
03. Almost Paradise (Love theme from Footloose) - Ann Wilson and Mike Reno
04. Holding Out for a Hero - Bonnie Tyler
05. Dancing In the Sheets - Shalamar
06. I'm Free (Heaven Helps the Man) - Kenny
07. Somebody's Eyes - Karla Bonoff
08. The Girl Gets Around - Sammy Hagar
09. Never - Moving Pictures
10. Metal Health (Bang Your Head) - Quiet Riot
11. Hurts So Good - John Cougar Mellencamp
12. Waiting for a Girl Like You
13. Dancing In The Sheets 12 mix - Shalamar

Purple Rain
1984 (Purple Rain)

 O FILME

"O mais eficiente e divertido filme sobre *rock 'n' roll* já produzido", cravou a revista *Rolling Stone*. "Sexista, juvenil e mentecapto", rebatia a crítica especializada. Mas o público não quis nem saber, só em bilheteria nos EUA os produtores faturaram 80 milhões de dólares. A polêmica estreia de Prince na telona é no papel de The Kid, um músico de Minneapollis tão alienado quanto talentoso. E a música, claro, é a forma de expressão do aspirante a *rock star* que ganha a vida nas noites do clube First Avenue. Para temperar a história, o mocinho vive uma tórrida paixão com Apollonia (que foi interpretada por Patricia Kotero que, aliás, depois do filme adotou o nome da personagem).

Na trama, The Kid recebe a música-tema das colegas de banda Lisa e Wendy, mas, orgulhoso, hesita. Acontece que a balada pode ser o tão cobiçado passaporte para o sucesso, a verdadeira redenção. Aliás, "Purple rain", última faixa da trilha, explodiu nas paradas. "'Purple Rain' é um banho de prazeres inesperados", afirmava a revista US. O *hit* acabou levando tanto o Oscar quanto o Grammy de "melhor canção", mas isso é assunto para o tópico abaixo.

Purple Rain

🎵 A TRILHA

A terceira *soundtrack* mais vendida da história, atrás de *O Guarda-Costas* e *Os Embalos de Sábado à Noite*, não poderia mesmo ficar de fora deste almanaque. O disco vendeu mais de 20 milhões de cópias e ficou 24 semanas consecutivas na parada das 200 mais tocadas da Billboard De cara, duas faixas do álbum, "When doves cry" e "Let´s go crazy" – que abre o longa – chegaram ao topo as paradas americanas e viraram *hits* internacionais, isso sem falar na faixa título, que ficou em segundo lugar da Billboard. De uma vez só, Prince tirava onda de estrela de cinema e *rock star*. Reza lenda que, de certa forma, "Purple rain" foi inspirada nas baladas de Bob Seger. Não que o artista fosse fã do autor de "Against the wind" ou algo do tipo, mas admirava a fidelidade do público de Seger, que se identificava com as histórias contadas nas canções. O álbum da trilha, assinado por Prince and The Revolution, entrou em todas as listas possíveis e imagináveis de "melhor disco": desde as revistas *Rolling Stone*, *Time*, *Entertainment Weekly* e *Vanity Fair* até o canal VH1, onde ficou com a décima oitava posição no *ranking* "Greatest *Rock* and Roll Albums of All Time Countdown".

a guitarra diferentona que é o sonho de consumo de Prince no filme, batizada de "Cloud' Guitar", foi construída em 1983 pelo luthier David Rusan

TRACKLIST

01. Let's Go Crazy
02. Take Me with U
03. The Beautiful Ones
04. Computer Blue
05. Darling Nikki
06. When Doves Cry
07. I Would Die 4 U
08. Baby I'm a Star
09. Purple Rain

Um Tira da Pesada
1984 (Beverly Hills Cop)

 O FILME

Qualquer semelhança com o filme *Cobra*/1987, não é mera coincidência. Por pouco Sylvester Stallone não fica com o papel do tira que vira Los Angeles de cabeça para baixo tentando desvendar um crime. Sly acabou saindo do projeto por não entrar em acordo com a produção sobre qual marca de suco de laranja ele teria direto no camarim, mas levou algumas ideias do roteiro. Pano rápido. Mickey Rourke também foi cotado para o personagem, mas Axel Foley tinha mesmo que cair nas mãos de Eddie Murphy, até hoje lembrado pela atuação do policial de Detroit que passa o filme atrás do assassino de seu melhor amigo.

O longa elevou o nome de Murphy ao estrelato e foi indicado ao Oscar de melhor roteiro original. O comediante está impagável na pele do tira que chega à Beverly Hills e bagunça os conservadores métodos de trabalho da polícia local, que faz de tudo para colocar nos eixos o indomável e nada convencional detetive.

Um Tira da Pesada

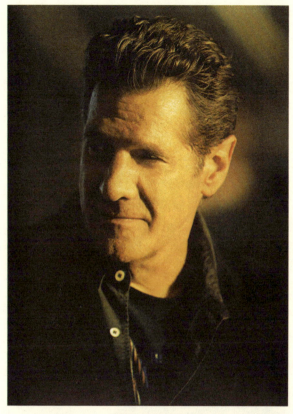
Glenn Frey

"The Heat Is On", canção composta para o filme por **Harold Faltermeyer** e **Keith Forsey**, foi gravada pelo cantor **Glenn Frey**

♪ A TRILHA

A sonoridade do inconfundível tema instrumental de Axel Foley foi conseguido com a mistura de três sintetizadores que, na época, eram o suprassumo da modernidade: Roland Jupiter 8, Roland JX-3P e Yamaha DX-7, um teclado clássico dos anos 1980. Já "The heat is on", canção composta para o filme por Harold Faltermeyer e Keith Forsey, foi gravada pelo cantor Glenn Frey. A canção acabou virando o grande sucesso da carreira de Frey, famoso também por ter sido um dos fundadores do grupo Eagles, em 1971. A música-tema ficou em segundo lugar no *ranking* das 100 músicas mais quentes da Billboard em 1985 e ganhou o Grammy de melhor trilha sonora no mesmo ano. Glenn continuou colaborando com *soundtracks*: emprestou "You belong to the city" ao seriado de *TV Miami Vice*, "Flip city" a *Os Caça-Fantasmas II* e "Part of me, part of you" ao clássico *Thelma & Louise*.

Patti LaBelle, cantora e atriz famosa pela versão original de "Lady Marmalade" (regravada por Christina Aguilera, Lil' Kim, Mya e Pink para *Moulin Rouge – Amor em Vermelho*/2001), aparece na trilha com duas músicas: "Stir it up" e "New attitude", que concorreu ao Grammy de melhor performance vocal de R&B na categoria feminina, em 1985. A canção brinca com a "nova attitude" que Axel Foley precisou adotar para se enquadrar no jeitão careta dos colegas da Califórnia. "New attitude" também foi usada no filme *Miss Simpatia 2 – Armada e Poderosa*/2005.

TRACKLIST 🔊

01. New Attitude - Patti LaBelle
02. Don't Get Stopped in Beverly Hills - Shalamar
03. Do You Really Want - Junior
04. Emergency - Rockie Robbins
05. Neutron Dance - The Pointer Sisters
06. Heat Is On, The - Glenn Frey
07. Gratitude - Danny Elfman
08. Stir It Up - Patti LaBelle
09. *Rock* and Roll Me Again - The System
10. Axel F - Harold Faltermeyer

Ruas de Fogo
1984 (Street of Fire)

 O FILME

Trocando em miúdos, uma fábula do rock 'n' roll. Numa cidade onde a violência urbana impera e as gangues de motociclistas se apoderam dos espaços públicos, a cantora Ellen Aim (Diane Lane) é sequestrada por Raven (Willem Dafoe). A coisa começa a esquantar quando o ex-soldado Tom Cody (Michael Paré) aparece para resgatar a namorada das mãos do líder dos Bombers.

O filme de clima retrô, passado em algum lugar entre as décadas de 1950 e 1980, é um mix de musical, ação, comédia e drama. Paul McCartney chegou a ser cotado para atuar no longa, mas declinou o convite por estar envolvido com outra produção na época.

Apesar da expectativa depositada pelos produtores, *Ruas de Fogo* não decolou, não foi um sucesso de crítica nem de público. Mas hoje em dia o filme é considerado um legítimo clássico dos anos 1980, principalmente por causa da trilha.

Ruas de Fogo

Dan Hartman

🎵 A TRILHA

James Horner divide os créditos do *score* com o guitarrista Ry Cooder. Para a voz de Diane Lane, duas cantoras se revezaram: Laurie Sargent e Holly Sherwood. Mas o grande astro da trilha foi mesmo o cantor Dan Hartman com "I can dream about you". A canção, que alcançou as 10 mais da Billboard, é interpreada no longa-metragem pelo grupo fictício The Sorels, formado pelos atores Stoney Jackson, Grand L. Bush, Mykelti Williamson e Robert Townsend. Acontece que o vocal foi interpretado pelo cantor de R&B Winston Ford, que foi dublado por Stoney Jackson no filme.

Mas a versão que ficou famosa e estourou nas paradas foi mesmo a de Hartman, usada no *trailer* promocional. Outro destaque da trilha é a balada "Tonight is what it means to be young", escrita por Jim Steinman, autor também da faixa "Nowhere fast". As duas canções foram gravadas pelo grupo de *wagnerian rock* (espécie de *rock* sinfônico) Fire Inc. Na cena onde Ellen Aim (Diane Lane) aparece cantando "Tonight is what it means to be young" no melhor estilo Bonnie Tyler, quem está cantando é Laurie Sargent, acampanhada pelos The Attackers, banda da cantora na vida real.

o grande astro da trilha foi mesmo o cantor **Dan Hartman com "I Can Dream About You"**

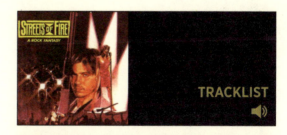

TRACKLIST 🔊

01. Nowhere Fast - Fire Inc.
02. Sorcerer - Marilyn Martin
03. Deeper and Deeper - The Fixx
04. Countdown to Love - Greg Phillinganes
05. One Bad Stud - The Blasters
06. Tonight Is What It Means To Be Young - Fire Inc.
07. Never Be You - Maria McKee
08. I Can Dream About You - Dan Hartman
09. Hold That Snake - Ry Cooder
10. Blue Shadows - The Blasters

Karatê Kid
(The Karate Kid)

 OS FILMES

"Atente para os golpes, Daniel San." Essa e outras frases do filme do diretor John G. Avildsen ficaram famosas na boca do inesquecível Sr. Miyagi, brilhantemente interpretado por Pat Morita. Aliás, Morita foi indicado ao Oscar e ao Globo de Ouro pelo papel do instrutor de karatê. Ralph Macchio estrela o filme de artes marciais que conta a história de um aspirante a lutador que começa a aprender karatê para se defender dos valentões da academia Cobra. Na época do primeiro longa da série, em 1984, chegaram a considerar o filme uma versão *teen* de *Rocky – Um Lutador*. Elisabeth Shue, musa dos filmes daquela década, interpretou a namorada de Daniel San no filme de estreia.

O filme teve duas continuações com o mesmo Ralph Macchio interpretando o aprendiz de karatê, em 1986 e 1989; *Karatê Kid – A Nova Aventura/* 1994, no qual Hilary Swank estreiou na tela grande e, por fim, *Karatê Kid/* 2010, sai Daniel San, entra Dre Parker (Jaden Smith). Sai Sr. Miyagi, entra Mr. Han (Jackie Chan). Fora isso, a versão 2010 do clássico oitentista troca o Japão pela China e, apesar do título, o karatê pelo kung fu. Tanto que, em terras chinesas, o longa foi batizado como *The Kung Fu Dream*.

Parece, mas não é. A produção sino-americana é um *remake* assumido, cheio de referências ao original, mas a crítica especializada não comprou o filho de Will Smith, produtor do longa, no papel do *loser* que sofre *bullying* dos garotos da escola. Jackie Chan também não chega a ser um Pat Morita, nem na hora de matar uma mosca com classe.

Ralph Macchio

Karatê Kid

♪ AS TRILHAS

No primeiro filme da série, nenhuma canção da trilha chegou a fazer barulho real na mídia. A música que mais marcou no filme foi "Moment of truth", do Survivor. Já em *Karate Kid II*, música e filme se confundem de um jeito que fica difícil separar imagem e som graças à balada "Glory of love", de Peter Paul Cetera, que já era conhecido na época por ter sido baixista e vocalista da banda Chicago.

Ainda no início da carreira solo, Cetera foi abordado pelos produtores de *Karatê Kid II – A Hora da Verdade Continua*/1986. Eles queriam que cantor algum escrevesse e cantasse uma balada para ser usada como tema do filme. "Está destinada a ser um sucesso, entrando no filme ou não", disse o cantor na época. E acertou em cheio: "Glory of love" atingiu o primeiro lugar das paradas no verão de 1986 e mais tarde foi indicada ao Grammy e ao Oscar. O álbum da trilha sonora desse segundo filme é ainda recheado de clássicos do rock 'n' roll, como "Earth angel" (a mesma que apareceria em *De Volta para o Futuro*) e "Rock around the clock" (de Bill Halley). Na trilha de *Karatê Kid III – O Desafio Final*/1989, destaque para outra balada: "Listen to your heart", não aquela do Roxette, e sim do grupo australiano dos anos 1970, Little River Band.

KARATÊ KID – A HORA DA VERDADE

TRACKLIST

01. Moment of Truth - Survivor
02. (Bop Bop) On the Beach - The Flirts, Jan & Dean
03. No Shelter - Broken Edge
04. Young Hearts - Commuter
05. (It Takes) Two to Tango - Paul Davis
06. Tough Love - Shandi
07. Rhythm Man - St. Regis
08. Feel the Night - Baxter Robertson
09. Desire - Gang of Four
10. You're the Best - Joe Esposito

Almanaque da Música Pop no Cinema

O cantor Glenn Medeiros, famoso pelo sucesso "Nothing's gonna change my love for you", aparece em duas faixas dessa trilha: "Under any moon" e "I can't help myself (When it comes to you)". Em *Karatê Kid – A Nova Aventura,* destaque para "Dreams", dos Cranberries. O single da banda irlandesa fez bonito nas paradas americanas em meados dos anos 1990. "You gotta a be", da cantora Des'ree, também aparece nessa *soundtrack*. A canção se tornou o vídeo mais tocado no canal VH1, além de ter liderado a parada inglesa e ter alcançado o quinto lugar na lista da Billboard das 100 músicas mais tocadas em 1995.

Em *Karatê Kid*/2010, O tema é uma dobradinha entre dois astros mirins: o do filme, Jaden Smith, e o da música *pop*, Justin Bieber. "Never Say Never", canção-título, foi composta por Adam Messinger e produzida pelos The Messengers, dupla canadense formada pelo já citado Adam e pelo cantor e letrista Nasri. O clipe, lançado em maio de 2010, mistura cenas do longa com os dois artistas cantando e dançando num estúdio. Jaden, no melhor estilo do pai, entra para valer no momento *rap* da faixa.

Peter Cetera

LIttle River Band

KARATÊ KID II – A HORA DA VERDADE CONTINUA

TRACKLIST

01. Two Looking at One Glory of Love (Theme from The Karate Kid Part II) – Peter Cetera
02. This Is The Time – Dennis DeYoung
03. Fish For Life - Mancrab
04. Let Me at 'Em - Southside Johnny
05. Rock and Roll Over You - The Moody Blues
06. Rock Around The Clock - Paul Rodgers
07. Earth Angel - New Edition
08. The Next Time I Fall In Love - Peter Cetera & Amy Grant

KARATÊ KID III – O DESAFIO FINAL

TRACKLIST

01. Listen to Your Heart - Little River Band
02. Under Any Moon - Glenn Medeiros, Elizabeth Wolfgramm
03. This Could Take All Night - Boys Club
04. I Can't Help Myself (When It Comes to You) - Glenn Medeiros
05. First Impression - Jude Cole
06. Summer in the City - The Pointer Sisters
07. Out for the Count - Winger
08. 48 Hours
09. In a Trance - Money Talks

Karatê Kid

The Cramberries

John Mayer empresta seu talento à *soundtrack* com a balada "Say", que já havia sido usada no filme "Antes de Partir" (*The Bucket List*/2007), estrelado por Jack Nicholson e Morgan Freeman. A música, que não está em nenhum álbum do guitarrista e cantor, saiu como *single* em 2008.

O disco com a trilha sonora, lançado em junho de 2010 pela gravadora Madison Gate Records, ainda conta com AC/DC (Back in Black), Lady Gaga (Poker Face), e Red Hot Chili Peppers (Higher Ground). "Remember the Name", faixa 2 da *soundtrack*, foi usada nos *trailers* para divulgação do longa. A música é assinada por Fort Minor, projeto paralelo de Mike Shinoda, do Linkin Park.

KARATÊ KID – A NOVA AVENTURA

TRACKLIST

01. This Is My Country - Don Raye
02. Moving On Up - M People
03. Mystic Trader - Flesh for Lulu
04. Part Of Me - Randy Jacobs
05. Doing' The Dog - The Knack
06. I Want It All - Eve's Plum
07. Dreams - The Cranberries
08. Happy Birthday To You - Mildred J. Hill & Patty S. Hill
09. Fascination - Jane Morgan
10. You - Ten Sharp
11. I Think I'm In Trouble - Exposé
12. In Your Eyes - Cleto Escobedo
13. You Gotta Be - Des'ree

KARATÊ KID

TRACKLIST

01. Karate Kid (The Meadow) - Homario Suby
02. Do You Remember - Jay Sean feat. Sean Paul & Lil' Jon
03. Say - John Mayer
04. The Tribute (DJ Zeph Remix) - Colossus feat. Capitol A
05. Here I Come - The Roots feat. Malik Abdul-Basit & Dice Raw
06. Minerva Quartets - Camilla Kjøll, Lina Marie Årnes, Lise Sørensen e Tiril Dørum Bengtsson
07. Baby I'm Back - Baby Bash feat. Akon
08. Nocturne for Piano No. 20 in C Sharp Minor - Alyssa Park
09. Dirty Harry (Schtung Chinese New Year Remix) - Gorillaz
10. Bang Bang - K'Naan feat. Adam Levine
11. Low - Flo Rida
12. Poker Face - Lady Gaga
13. Flight of the Bumblebee - Balazs Szokolay
14. Back in Black - AC/DC
15. Higher Ground - Red Hot Chili Peppers
16. Never Say Never - Justin Bieber feat. Jaden Smith
17. Final Contest - Homario Suby

Clube dos Cinco
1985 (The Breakfast Club)

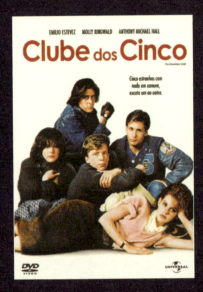

 O FILME

Mais um clássico oitentista dirigido pelo já saudoso John Hughes. Um verdadeiro *dream team* de atores "sessão da tarde" passa um sábado inteiro trancafiado na escola por mau comportamento: Emilio Estevez (filho de Martin Sheen e irmão de Charlie), Anthony Michael Hall (o loirinho de *Mulher Nota 1000*/1985), Judd Nelson (o yuppie de *O Primeiro Ano do Resto de Nossas Vidas*/1985), Molly Ringwald (a eterna *Garota de Rosa Shocking*/1986) e Ally Sheedy (que também atuou em *O Primeiro Ano do Resto de Nossas Vidas*)

Entediados e tendo que redigir um texto com mais de mil palavras sobre o que pensam sobre si mesmos, o grupo não aguenta e começa a aprontar pelos corredores e salas do colégio vazio. No meio das confusões, eles acabam se conhecendo melhor e dividindo seus dramas pessoais. A música tema foi especialmente encomendada a uma banda que começava a despontar para o sucesso na época: Simple Minds. Vamos à trilha.

Clube dos Cinco

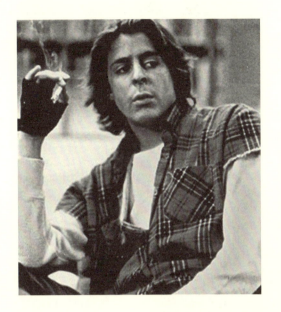

Um **verdadeiro** *dream team* de atores "**sessão da tarde**"

Simple Minds, o grupo que circulava pelo **cenário inglês** há bons cinco anos **sem fazer** muito barulho, foi **catapultado** ao estrelato graças ao radiofônico *hit* em que **"Don't you"** se transformou.

♪ A TRILHA

Uma das músicas mais tocadas nos anos 1980, "Don't you (Forget about me)" é de autoria de Keith Forsey, que assina a a trilha sonora de *Clube dos Cinco*. Billy Idol e Bryan Ferry declinaram o convite dos produtores do filme, assim como Chrissie Hynde, vocalista de The Pretenders, que acabou indicando a banda do marido para a trilha, o Simple Minds. O grupo, que circulava pelo cenário inglês há bons cinco anos sem fazer muito barulho, foi catapultado ao estrelato graças ao sucesso radiofônico em que "Don't you" se transformou.

89

Almanaque da Música Pop no Cinema

JOHN HUGHES

Foi durante o processo de preparação da trilha sonora de *O Clube dos Cinco*, que o diretor do longa, John Hughes, decidiu batizar seu próximo filme usando uma canção de 1981 dos Psychedelic Furs, "Pretty in pink". Outro indiscutível clássico da década, *A Garota de Rosa Shocking*, foi dirigido por Howard Deutch, mas escrito e roteirizado por Hughes (aliás, Molly Ringwald, que interpreta a protagonista do filme, era uma espécie de musa do "filósofo da puberdade", apelido pelo qual Hughes era conhecido no meio). Ele também é lembrado como roteirista e produtor da franquia *Esqueceram de Mim*, estrelada por Macaulay Culkin nos anos 1990. "Trabalhar com ele foi uma honra, ele me respeitava no *set*, mesmo tendo apenas nove anos", disse Culkin emocionado durante a homenagem que o diretor recebeu na 82º cerimônia do Oscar, em março de 2010. O já saudoso diretor, produtor e roteirista, que morreu em 6 de agosto de 2009, foi o grande nome por trás de filmes dos anos 1980 que até hoje são cultuados, como: *Gatinhas e Gatões*/1984, *Clube dos Cinco*, *Mulher Nota 1000* e *Curtindo a Vida Adoidado*/1986. Uma característica dos filmes de Hughes, que às vezes assinava os roteiros com o pseudônimo "Edmond Dantès" – uma homenagem ao protagonista de *O Conde de Monte Cristo* –, são as cenas extras após os créditos finais, muito usadas hoje em dia por outros cineastas.

> "**A vida passa** muito depressa. Se não paramos **para curti-la** de vez em quando, ela escapa por **nossas mãos!**"
>
> *John Hughes*

Clube dos Cinco

Experiência em trilhas era o que não faltava ao compositor Keith Forsey. Eram dele "Shakedown", de *Um Tira da Pesada II* e o sucesso "What a Feeling", de *Flashdance*. Forsey tinha sido baterista do The Psychedelic Furs e também produtor de um álbum da banda chamado *Mirror moves*. Em tempo: o roqueiro Billy Idol, que não aceitou o convite para participar da trilha, acabou gravando "Don't you (Forget about me)" para o seu disco de *Greatest Hits*, lançado pela Capitol Records em 2001.

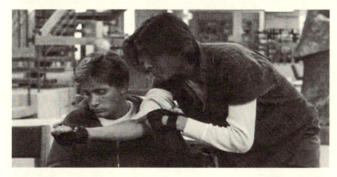

TRACKLIST

01. Don't You (Forget About Me) – Simple Minds
02. Waiting – E.G. Daily
03. Fire in the Twilight – Wang Chung
04. I'm the Dude (instrumental) – Keith Forsey
05. Heart Too Hot to Hold – Jesse Johnson, Stephanie Spruill
06. Dream Montage (instrumental) – Keith Forsey
07. We Are Not Alone – Karla DeVito
08. Reggae (instrumental) – Keith Forsey
09. Didn't I Tell You? – Joyce Kennedy
10. Love Theme (instrumental) – Keith Forsey

De volta para o futuro
1985 (Back to the Future)

📽 OS FILMES

Lembra daquele filme em que o ator Eric Stolz viajava no tempo dentro de uma geladeira transformada em máquina do tempo? Assim teria sido *De volta para o futuro* caso o ruivo de *Alguém muito especial*/1987 tivesse sido aprovado para o papel que acabou ficando com o astro do seriado *Caras e Caretas*, Michael J. Fox. Em tempo: a tal geladeira, graças ao bom-senso dos produtores, foi substituída por um estiloso DeLorean 1981 modelo DMC-12.

O filme, que conta a história do garoto de 17 anos que viaja no tempo meio sem querer e acaba encontrando os próprios pais em 1955, é o clássico dos clássicos do cinema *pop* dos anos 1980. A produção assinada por Steven Spielberg levou duas estatuetas douradas em 1986: o Oscar de efeitos especiais e outro de efeitos sonoros.

De volta para o futuro

🎵 **AS TRILHAS**

"Grande, grande! Quero que tudo seja grande!". Foi o que disse o diretor Robert Zemeckis ao compositor Alan Silvestri quando este perguntou: "Você vai querer uma trilha comtemporânea ou algo realmente grande?". A dupla repetia a dobradinha do longa Tudo por uma *Esmeralda*/1984, estrelado por Michael Douglas e Kathleen Turner. Silvestri levou ao pé da letra o desejo de Zemeckis e fez tudo à moda antiga: colocou 98 músicos num estúdio gigantesco e regeu toda a encrenca. Era a maior orquestra já montada pela Universal Studios até então.

Na ala *pop*, Huey Lewis, da banda Huey Lewis & The News, foi convocado a compor duas músicas para o filme: acertou em cheio com o clássico "Power of Love" e, de quebra, entregou "Back in time". Isso sem falar na ponta que o roqueiro acabou ganhando no longa. "Isso de representar é novo para mim", disse ele na época. "Eu realmente não me preparei, eles me disseram para usar um terno marrom e ficar com cara de babaca. Eu não me via neste papel", emendou Huey tirando um sarro da história toda. Ele fez um jurado que cornetou a banda de McFly num festival de talento. "O que você tem que fazer é ficar lá com o megafone gritando até eles pararem de tocar", explicava

Zemeckis

Depois de várias tentativas, Zemeckis finalmente conseguiu emplacar a história do jovem que viajava no tempo

Huey Lewis

93

Almanaque da Música Pop no Cinema

Zemeckis durante as filmagens. Lewis curtiu tanto a brincadeira que repetiria a dose anos depois no filme *Duets – Vem Cantar Comigo*/2000, mas isso é papo para outro capítulo.

Voltando à trilha propriamente dita, Huey Lewis foi indicado na categoria de melhor canção original em três grandes prêmios: Oscar, Globo de Ouro e Grammy. Acabou não levando as estatuetas, mas "Power of Love" tocou até não poder mais nas rádios do mundo todo e foi parar no topo da lista das 100 mais tocadas da Billboard, além de também ter figurado nas 10 mais da UK Single Charts, na Inglaterra. Hoje é impossível não associar a imagem de Marty McFly cortando a cidade em cima de um *skate* com a pérola *pop* de Hugh Anthony Cregg III, o tal do Huey Lewis, de música de fundo.

Quando precisou cantar no filme o clássico de Chuck Berry "Johnny B. Goode", Michael J. Fox foi dublado pelo cantor e compositor Mark Campbell. Além da voz, Fox também teve a guitar-

De volta para o futuro

McFly deu uma canja na balada **"Earth Angel (Will You Be Mine)"**. A música foi gravada **originalmente** em 1954 pelo grupo americano **The Penguins**

ra dublada, apesar de já saber tocar – aprendeu o antológico solo nota por nota. "É um *blues* em si maior, fiquem de olho em mim e tentem acompanhar", disse o garoto do futuro ao grupo Marvin Berry and the Starlighters na cena do baile "o encantamento no fundo do mar".

Acontece que, no filme, o tal do Marvin Berry seria primo de outro Berry, o Chuck. Mas antes de descer a mão na guitarra em "Johnny B. Goode", ainda na sequência do baile, McFly deu uma canja na balada "Earth Angel (Will You Be Mine)". A música foi gravada originalmente em 1954 pelo grupo americano The Penguins.

Aos aficcionados por equipamentos, não custa dizer que o ator usou três guitarras no longa: Erlewine Chiquita (uma pequena e amarelinha, na cena do amplificador gigante no início do filme), Ibanez black Strat Copy (na cena da banda tocando no festival de colégio) e uma Gibson 1963 ES-345TD (na alucinada performance no baile dos anos 1950).

TRACKLIST

01. The Power of Love – Huey Lewis and the News
02. Time Bomb Town – Lindsey Buckingham
03. Back to the Future – The Outatime Orchestra
04. Heaven Is One Step Away – Eric Clapton
05. Back in Time – Huey Lewis and the News
06. Back to the Future Overture - The Outatime Orchestra
07. The Wallflower (Dance with Me Henry) – Etta James
08. Night Train – Marvin Berry and the Starlighters
09. Earth Angel (Will You Be Mine) – Marvin Berry and the Starlighters
10. Johnny B. Goode – Marty McFly with the Starlighters

Em busca da vitória

1985 (Vision Quest)

O FILME

Segundo um especialista em filmes B, esta é uma mistura de *Karatê Kid* com *Rocky Balboa*. Louden Swain é um estudante e atleta de luta livre que precisa perder cerca de 10 quilos para derrotar o até então imbatível Shute, para muitos, o melhor lutador do estado. Matthew Modine (lembra de Birdy de *Asas da Liberdade*/1984?) interpreta o obstinado colegial. Até que uma mulher descolada e sensual (Linda Fiorentino) entra em cena para bagunçar o coreto.

Matthew Modine costumava dizer que o nome do filme em inglês, *Vision Quest* [Busca da visão], tinha jeito de histórias de ficção científica. Justamente por isso não é de se estranhar que na Austrália mudaram o nome do longa para *Crazy For You* [Louco por você], título da música de Madonna que fez parte da trilha sonora.

> **Matthew Modine** costumava **dizer que o nome** do filme, **Vision Quest**, tinha jeito de histórias de **ficção científica**

Em busca da vitória

Madonna

🎵 A TRILHA

Na trilha, além de Madonna, a nata do *hard-rock-farofa* da década de 1980: Journey, Foreigner, Sammy Hagar e Dio. Madonna, aliás, debuta na telona interpretando a si mesma e cantando as músicas "Gambler" e "Crazy for You".

A cantora ainda era relativamente desconhecida quando participou da trilha de *Em busca da Vitória*. Ela havia acabado de lançar seu primeiro disco, chamado Madonna. Quando "Like a virgin" chegou às lojas, em novembro de 1984, achavam que ela seria apenas mais uma artista de *dance music*, apesar do grande sucesso. Mas em março de 1985, quando a trilha sonora de *Em busca da vitória* foi lançada, a balada "Crazy for You" provou que Madonna era uma artista muito mais completa do que se imaginava. Outro destaque da trilha é "I'll Fall in Love Again", que foi um dos sucessos do disco *Standing Hampton*, lançado por Sammy Hagar em 1981, muito antes da entrada do vocalista no grupo Van Halen. Hagar ainda cederia outras músicas para o cinema: "Heavy metal" (*Heavy Metal – Universo em Fantasia*/1981), "Fast times em Ridgemont High" (*Picardias Estudantis*/1982), "The girl gets around" (*Footloose*/1984), e "Winner takes it all" (*Falcão, o campeão dos campeões*/1987).

Madonna debuta na telona **fazendo ela** mesma em **Em Busca da Vitória** e cantando as músicas **"Gambler"** e **"Crazy For You"**

TRACKLIST 🔊

01. Only the Young - Journey
02. Change - John Waite
03. Shout to the Top - The Style Council
04. Gambler - Madonna
05. She's on the Zoom - Don Henley
06. Hungry for Heaven - Dio
07. Lunatic Fringe - Red Rider
08. I'll Fall in Love Again - Sammy Hagar
09. Hot Blooded - Foreigner
10. Crazy for You - Madonna

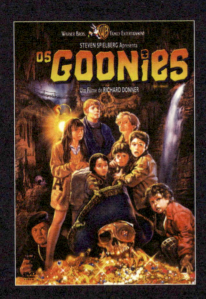

Os Goonies
1985 (The Gonnies)

🎥 O FILME

Um grupo de garotos atrás de um tesouro perdido. Mickey, Brand, Bocão, Dado, Bolão, Andy e Ste – os Goonies – estavam realmente precisando de grana, já que o bairro onde moravam estava atolado em dívidas e prestes a ser demolido para dar lugar a um campo de golfe. Fuçando o arquivo da família, encontram o mapa com a suposta localização de um lendário tesouro. Como senso de aventura era o que não faltava à trupe, enfrentar a temível família Fratelli – com direito ao sensacional Sloth (John Matuszac) – e as armadilhas deixadas pelo pirata Willy Caolho eram café pequeno. A produção de Steven Spielberg acertou em cheio a garotada dos anos 1980 e virou o filme de cabeceira de toda uma geração de goonies honorários. E a música tema cantada por Cynthia Ann Stephanie, a Cindy Lauper, ajudou muito.

Sloth, o simpático monstrengo do filme, **virou ícone pop dos anos 80**

🎵 A TRILHA

É verdade que Cindy Lauper não suporta tocar a música hoje em dia, mas não dá para lembrar do filme sem cantarolar o tema, "Goonies 'r' Good Enough". Lauper foi convidada por Spielberg para assumir a direção musical do filme e teve carta branca para escolher os artistas que fariam parte da trilha. O trabalho foi tão intenso, cerca de 12 horas por dia, que Cindy foi parar no hospital com crise de estresse e outros problemas de saúde. Mesmo com todos os contratempos, Lauper fez um ótimo trabalho e foi indicada ao Grammy de melhor performance vocal na categoria feminina. Por volta de 1987, Cindy simplesmente limou "Goonies" do repertório e só voltou a cantar a música ao vivo em 2004, num *show* da turnê At last. A plateia insistiu e ela fez um trechinho à capela (só voz, sem instrumentos) da canção. Em 2006, ela repetiu a palhinha em Baltimore. Mas na turnê True colors, de 2008, não teve jeito: mesmo a contragosto, "The Goonies 'r' Good Enough" era a segunda música no *set list* dos *shows*.

Os Goonies

Cindy Lauper

Problemas à parte, como diretora musical do filme, Cindy tratou de diversificar a trilha. Além de "Goonies" e "What a Thrill" cantadas por ela, também fazem parte da *soundtrack* REO Speedwagon, com "Wherever You're Goin' (It's Alright)" e The Bangles, com "I Got Nothing".

Para quem gosta de curiosidades, lá vai: a banda The Goon Squad estava escalada para participar da trilha com a música "8 Arms to Hold You", mas como a cena sonorizada pela canção foi cortada na montagem, acabou não entrando na trilha. Sentido o cheiro do sucesso, os produtores do longa resolveram lançar o *single* "Eight Arms to Hold You", que acabou não sendo promovido junto com o filme e encalhou. A trilha incidental ficou a cargo do compositor Dave Grusin. A faixa principal, "Fratelli chase", é muito usada até hoje em diversos *trailers* e foi regravada pelo mesmo Grusin com a Orquestra Sinfônica de Londres para o disco *Cinemagic*.

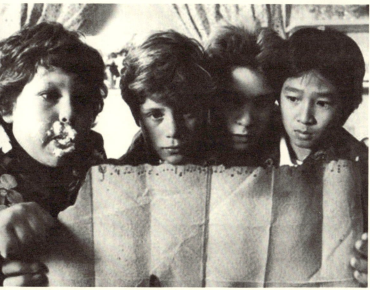

TRACKLIST

01. The Goonies 'R' Good Enough - Cyndi Lauper
02. Eight Arms to Hold You - Goon Squad
03. Love Is Alive - Philip Bailey
04. I Got Nothing - The Bangles
05. 14K - Teena Marie
06. Wherever You're Goin (It's Alright) - REO Speedwagon
07. She's So Good to Me - Luther Vandross
08. What a Thrill - Cyndi Lauper
09. Save the Night - Joseph Williams
10. Theme From the Goonies - Dave Grusin

Mulher Nota 1000
1985 (Weird Science)

 O FILME

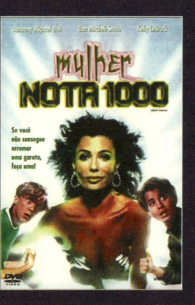

Em plenos anos 1980, Gary Wallace (Anthony Michael Hall) e Wyatt Donnelly (Ilan Mitchell-Smith), dois típicos *nerds* que não pegavam ninguém, tentam criar uma mulher perfeita no computador muito antes do advento do milagreiro Photoshop. Acontece que um inesperado temporal faz com que a virtual Lisa, interpretada por Kelly LeBrock no auge da forma e pós *A Dama de Vermelho*/1984, pule da tela para o mundo real. A chapa começa a esquentar quando entra em cena o insuportável Chet (Bill Paxton), irmão mais velho de Wyatt, que resolve tirar uma casquinha da criação dos *geeks*. Robert Downey Jr. também aparece no filme, na pele de Ian, tentando seduzir Lisa na antológica festa na casa da atrapalhada "dupla de criação".

Outra típica comédia adolescente que segue a fórmula consagrada nos anos 1980 pelo diretor John Hughes: conflitos de jovens deslocados do ambiente escolar, como em *Curtindo a vida adoidado*, *Gatinhas & Gatões* e *Clube dos cinco*. O longa acabou dando origem a uma série de TV, com a modelo inglesa Vanessa Angel no papel de Lisa, que ficou no ar entre 1994 e 97.

Mulher Nota 1000

🎵 **A TRILHA**

O vinil com a trilha sonora de mais um clássico do diretor John Huges foi lançado em 1985 e trazia 11 faixas. Porém, duas músicas ouvidas no longa ficaram de fora da compilação: a versão de "Oh, Pretty Woman" gravada por Van Halen e "Don't Worry Baby", dos Los Lobos. Mas "Weird Science", música-tema do filme, estava lá abrindo o disco. "Weird Science", um dos maiores *hits* do grupo Oingo Boingo, foi escrita às pressas especialmente para a trilha de *Mulher Nota 1000*.

> **"Weird Science",** um dos maiores *hits* do grupo **Oingo Boingo,** foi escrita **às pressas** especialmente para a trilha de *Mulher nota 1000*

Oingo Boingo

A banda formada por Richard Elfman foi criada justamente para compor *soundtracks*. Dito e feito, vide *De volta às aulas*. Mas a carreira do Oingo Boingo foi muito além das telonas, o grupo passou a frequentar também as paradas de sucesso com músicas como: "We Close Our Eyes", "Just Another Day", "Dead Man's Party" e "Not My Slave". Essa última, aliás, foi trilha de abertura da série de TV *Barrados no Baile* no Brasil. Danny Elfman, irmão de Richard e vocalista da banda, acabou virando um trilheiro de mão cheia. Ele assina, por exemplo, a irresistível música-tema de *Os Simpsons*. No cinema, firmou parceria com o cineasta Tim Burton e compôs o score de *Os fantasmas se divertem*, *Batman - O retorno* e *Edward mãos de tesoura*.

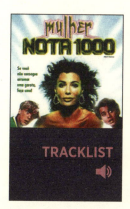

TRACKLIST

01. Weird Science - Oingo Boingo
02. Private Joy - Cheyne
03. The Circle - Max Carl
04. Turn It On - Kim Wilde
05. Deep In The Jungle - Wall of Voodoo
06. Do Not Disturb (Knock Knock) - The Broken Homes
07. Forever - Taxi
08. Why Don't Pretty Girls Look At Me - Wild Man From Wonga
09. Method of Madness - The Lords of the New Church
10. Eighties - Killing Joke
11. Weird Romance

Curtindo a Vida Adoidado

1986 (Ferris Bueller's Day Off)

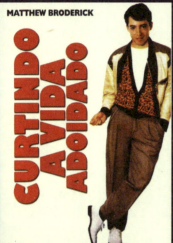

🎥 O FILME

"Bueller? Bueller? Bueller? Bueller?" Ferris Bueller foi o ídolo de todo adolescente transgressor dos anos 1980 que se preze. O circo que Mathew Broderick armou na pele do aluno matador de aulas era realmente coisa de pilantra profissional, um *master class* de vagabundagem juvenil. Em mais um clássico do diretor John Hughes, Ferris Bueller conta com a ajuda de sua namorada Sloane Peterson (Mia Sara) e do hipocondríaco Cameron Frye (Alan Ruck) para curtir a vida adoidado a qualquer custo, mesmo que isso envolva a destruição total de uma Ferrari dos anos 1960. Depois de muitas confusões, aventuras e dribles no obstinado diretor Ed Rooney (Jeffrey Jones), o ponto alto desse biscoito fino do cinema *pop* fica por conta da redentora cena onde Ferris canta "Twist and Shout" para uma multidão que assistia à uma parada alemã nas ruas de Chicago.

Curtindo a Vida Adoidado

a trilha sonora de *Curtindo a vida adoidado* simplesmente não existe, nunca um LP, CD ou K7 com a *soundtrack* foi comercializado

♪ A TRILHA

Acredite se quiser, a trilha sonora de *Curtindo a vida adoidado* simplesmente não existe, nunca foi lançada em LP, K7 ou CD. John Hughes, achando que a mistureba de estilos usados no longa fosse deixar o disco eclético demais, descartou a ideia de organizar as músicas num álbum.

As canções que aparecem listadas a seguir na seção *tracklist* foram tiradas dos créditos finais do filme. Mas a ausência de uma trilha oficial não impediu que toda uma geração de jovens fosse apresentada aos Beatles através do hino de Ferris Bueller: "Twist and Shout" voltou às paradas, mesmo vinte anos depois do primeiro estouro, em 1962, no início da beatlemania.

A cena é tão marcante que a garotada, incluindo o autor aqui, foi fuçar os vinis dos pais atrás de outros *hits* do quarteto de Liverpool. A canção de Bert Berns (também conhecido como Bert Russell) foi gravada pela primeira vez em 1961 pelo Top Notes, um grupo de R&B da Filadélfia. Ainda antes da versão dos *fab four*, os Isley Brothers também registraram "Twist and Shout", atingindo algum sucesso em 1962. Aliás, foi justamente a gravação do grupo que inspirou John, Paul, George e Ringo, como conta o engenheiro de som Norman Smith: "Alguém sugeriu que eles gravassem a música com Lennon fazendo a voz principal. Mas àquela altura, depois de 12 horas gravando sem parar, a garganta dos rapazes estava em frangalhos. John quase não tinha mais voz, e a gente precisava resolver a coisa em uma tomada. Então ele chupou umas pastilhas, fez um gargarejo com leite e mandou brasa". George Martin completa: "Até tentei uma segunda tomada, mas a voz do John tinha desaparecido". Essa história explica a voz especialmente rouca de John Lennon na gravação que entrou no disco de estreia da banda, *Please Please Me*. A versão dos Beatles também foi usada no filme *De volta às aulas*/1986.

TRACKLIST 🔊

01. Bad - Big Audio Dynamite
02. Beat City - Ben Watkins & Adam Peters
03. Danke Schoen - Wayne Newton
04. The Edge Of Forever – The Dream Academy
05. I'm Afraid – Blue Room
06. Jeannie (Theme From I Dream Of Jeannie) – Hugo Montenegro
07. Love Missile F1-11- Sigue Sigue Sputnik
08. March Of The Swivelheads - The (English) Beat
09. Oh Yeah - Yello
10. Please Please Please Let Me Get What I Want – The Dream Academy
11. Radio People - Zapp
12. Star Wars (Main Title) – John Williams
13. Taking The Day Off – General Public
14. Twist And Shout – The Beatles
15. WLS Jingle - Courtesy of JAM Creative Productions

9 ½ semanas de amor

1986 (Nine ½ Weeks)

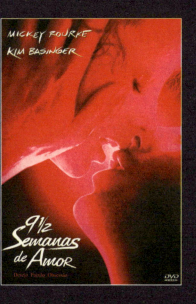

 O FILME

Esse é dos tempos em que Mickey Rourke ainda podia ser chamado de galã. Ele formou ao lado de Kim Basinger "no auge da beleza" um dos casais mais sensuais da história do cinema. Kim é Elizabeth, uma loiraça que trabalha em uma galeria de arte e acaba se envolvendo com John, um *playboy* misterioso. O romance é pontuado por intensos jogos sexuais, o que deixa a relação do casal apimentada e cada vez mais complicada.

O realismo dos antológicos amassos de Rourke e Basinger foram conseguidos a muito custo. O diretor Adrian Lyne usou métodos dignos de um Capitão Nascimento: os atores não podiam conversar no *set*; ficavam isolados, só se encontravam na hora de filmar. E tem mais: o cineasta semeava a discórdia inventando fofocas de um sobre o outro. Tudo isso para que o esgotamento emocional dos bastidores fosse transposto para a tela. Para trilha desse turbilhão de emoções, Bryan Ferry, ex-vocalista do grupo de *art rock* inglês Roxy Music foi convocado.

> a **dupla forma** um dos casais **mais sensuais** da história **do cinema**

9½ semanas de amor

🎵 A TRILHA

"Slave to Love" é tocada de cabo a rabo durante uma das cenas mais marcantes do filme, uma espécie de clipe no estilo "melhores momentos", com direito à memorável e rapidinha transa na casa de máquinas de um relógio. O *hit* de *9 ½ semanas de amor* saiu do álbum Boys and Girls e foi a primeira e mais bem-sucedida aventura solo do ex-vocalista do Roxy Music. A música foi lançada em 28 de abril de 1985 e passou dez semanas entre as dez mais tocadas nas paradas inglesas.

Outro clássico da sensual trilha sonora é "You Can Leave Your Hat On", na voz rasgada de Joe Cocker. A música, composta num clima de brincadeira por Randy Newman no final dos anos 60, fez a trilha de outra cena famosa do longa: um *striptease* de Kim Basinger tão explícito quanto a letra da canção. Basinger coloca um CD, novidade na época, e começa a provocar Rourke por trás de uma persiana. Etta James e Tom Jones também gravaram a música, e a versão de Jones aparece numa outra cena de *strip* na comédia *Ou Tudo ou Nada*/1997. Eurythmics, Devo e Stewart Copeland (baterista e fundador do The Police) também participam da luxuosa trilha de *9 ½ semanas de amor*.

> **Outro clássico da sensual *soundtrack* é "You Can Leave Your Hat On", na voz rasgada de Joe Cocker**

Bryan Ferry

Joe Cocker

TRACKLIST 🔊

01. I Do What I Do (Theme from 9 1/2 Weeks) - John Taylor
02. Best Is Yet to Come - Luba
03. Slave to Love - Bryan Ferry
04. Black on Black - Dalbello
05. Eurasian Eyes - Corey Hart
06. You Can Leave Your Hat On - Joe Cocker
07. Bread and Butter - Devo
08. This City Never Sleeps - Eurythmics
09. Cannes - Stewart Copeland
10. Let It Go - Luba

Encruzilhada

1986 (Crossroads)

O FILME

A saga de Eugene Martone (Ralph Macchio), um jovem e talentoso estudante de música clássica, em busca do *blues* perdido. Martone descobre que Robert Johnson, o lendário blueseiro, tinha um contrato para gravar 30 músicas, mas só deixou 29 registradas até sua morte, em 16 de agosto de 1938. Com a intenção de gravar a música perdida e iniciar sua carreira em grande estilo, ele ajuda Willie Brown (Joe Seneca), um antigo gaitista de *blues* e amigo íntimo de Johnson a fugir de um asilo-prisão.

A dupla vai em busca da encruzilhada onde Johnson e Brown teriam vendido suas almas ao diabo para se tornarem famosos cantores de *blues*. O filme é famoso pelo duelo de guitarras entre o jovem estudante de música clássica e o guitarrista do diabo, Jack Butler (Steve Vai).

Encruzilhada

Steve Vai

🎵 A TRILHA

O guitarrista americano Ryland Peter Cooder, conhecido como Ry Cooder, é o homem por trás da trilha sonora de *Encruzilhada*, participa de seis faixas e é o dublê das dedilhadas do ator Ralph Macchio em diversas cenas. Mas é bom que se diga que o eterno Karatê Kid está com os dedos nas casas certas do braço da guitarra – tirando uma ou outra passagem –, tocando nota por nota em sua Fender Telecaster CBS 1970.

Durante o duelo de guitarras, no clímax do filme, Steve Vai tocou as duas partes e Ry Cooder, responsável pelos trechos com *slide*, produziu a gravação do *take*. No solo final do duelo musical, em "Eugene's Trick Bag", é citado "Capriccio No. 5", de Niccolo Paganini. Aliás, a música de Paganini, compositor e violinista italiano do século XVIII, é o trunfo na manga de Eugene. Quando Willie Brown vira de costas achando que o duelo está perdido, o jovem guitarrista recorre aos estudos de violão clássico para derrotar o endiabrado Jack Butler, que não consegue fazer valer o estilo "fritador de cordas", e no fim das contas, desce do palco dando chilique.

Ry Cooder

TRACKLIST 🔊

01. Cross Roads - Terry Evans e Ry Cooder
02. Turkish March - Bill Kanengiser
03. He Made a Woman out of Me - Amy Madigan
04. If I Lose - Amy Madigan
05. Cotton Needs Pickin' - The Wonders
06. Maintence Man - The Wonders
07. Willie Brown Blues - Joe Seneca, John 'Juke' Logan (harmônica), The Wonders e Ry Cooder (guitarra)
08. Feelin' Bad Blues - Ry Cooder
09. Butler's Bag - Steve Vai e Ry Cooder
10. Head Cuttin' Duel - Steve Vai e Ry Cooder
11. Eugene's Trick Bag - Steve Vai
12. Walkin' Blues - Sonny Terry (harmônica) e Ry Cooder (guitarra)

Em 1996, 10 anos depois de *Encruzilhada*, Ry Cooder produziu o disco *Buena Vista Social Club*, projeto que envolvia músicos cubanos de vanguarda que andavam esquecidos e que acabou virando documentário em 1998 pelas mãos do diretor Wim Wenders. No mesmo ano Cooder levou o Grammy pelo álbum.

Highlander – O Guerreiro Imortal

1986 (Highlander)

 O FILME

Connor MacLeod (Christopher Lambert) é um imortal guerreiro escocês do século XVI, treinado pelo também imortal Juan Sanchez Villa-Lobos Ramirez (Sean Connery). MacLeod passa o filme combatendo outros imortais para, literalmente, não perder sua cabeça, pois um prêmio aguarda o último imortal. O filme se passa em duas épocas: em 1986 e 1536, tempo em que o guerreiro escocês se tornou imortal. MacLeod é morto por Kurgan (Clancy Brown) em uma batalha e misteriosamente ressuscita, mas seus amigos e parentes, assustados, passam a vê-lo como um feiticeiro, e MacLeod acaba expulso da vila onde nasceu.

O argumento da trama apareceu depois de uma visita do roteirista Greg Winden à Escócia. Ao dar de cara com uma armadura, Winden imaginou como seria se o guerreiro ainda estivesse vivo, o resto é história. O longa ganhou sequência no início dos anos 1990: *Highlander – A Ressureição*/1991; *Highlander – O Feiticeiro*/1994 e *Highlander – A Batalha Final*/2000. O quinto filme da franquia, *Highlander – A Origem*/2007, chegou a ser lançado, mas passou longe das salas de cinema e foi direto para o Sci-Fi Channel. Christopher Lambert fez uma participação especial.

Highlander – O Guerreiro Imortal

A TRILHA

O Queen, então no auge de carreira, foi convocado para compor a trilha sonora. A banda inglesa contribuiu com seis canções originais, que mais tarde acabariam incluídas no álbum *A Kind of Magic*. "Hammer to Fall", que aparece no filme e na trilha sonora, é do disco anterior, *The Works*, de 1984. A canção mais ligada ao personagem imortal, "Who Wants to Live Forever", foi composta pelo guitarrista Brian May voltando para casa após assistir a versão inacabada do filme. A inspiração veio da cena onde MacLeod está com a esposa, Heather, nos braços (interpretada por Biettie Edney), já velha, à beira da morte.

O baterista Roger Taylor assina "A Kind of Magic", composta a partir de um dos diálogos do longa. Taylor escreveu a melodia e os acordes, mas Freddie Mercury refez a linha de baixo, colocou algumas passagens instrumentais e mexeu na estrutura da canção. A versão que aparece nos créditos finais do filme é a original, mas a que foi parar no disco é a remixagem feita pelo vocalista. Já "Princes of the Universe", essa sim de Freddie Mercury, foi usada nos créditos iniciais do filme e também da série de TV dos anos 1990. O *score* foi composto por Michael Kamen.

Nenhum disco com a trilha sonora foi lançado na época, pelo menos oficialmente, o álbum do Queen com as canções do longa ocupou a lacuna. *A Kind of Magic*, décimo segundo álbum de estúdio do grupo, foi lançado em 1986 e é baseado na trilha sonora de *Highlander*. Embora o disco tenha estacionado na posição 46 das paradas americanas, ficou em primeiro lugar no Reino Unido por sessenta e três semanas.

Fred Mercury e Christopher Lambert

> **Queen**, a banda inglesa que deveria **contribuir** com **seis canções originais**, do álbum **A Kind of Magic**

Queen

TRACKLIST

01. A Kind Of Magic - Queen
02. One Year Of Love - Queen
03. Who Wants To Live Forever - Queen
04. Hammer To Fall - Queen
05. Princes of the Universe - Queen
06. Gimme the Prize (Kurgan's Theme) - Queen
07. A Dozen Red Roses for my Darling - Queen
08. New York, New York - Queen

Ases Indomáveis
1986 (Top Gun)

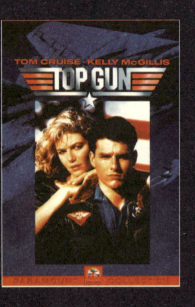

O FILME

Tom Hanks e Sean Penn disseram não. John Travolta chegou a ser considerado para o papel do jovem piloto de caça da Marinha dos Estados Unidos que é selecionado para participar do curso Top Gun na Navy Fighter Weapons School. Mas não tinha jeito: olhando para trás, não dá para separar a imagem de Pete "Maverick" Mitchell de Tom Cruise. O aspirante a piloto de caça mal chega e já bagunça o coreto: envolve-se com a instrutora de astrofísica do curso, Charlotte Blackwood (Kelly McGillis), arruma um desafeto, Tom "Iceman" Kazensky (Val Kilmer), o outro candidato a rei do pedaço, que fica incomodado com a popularidade e o talento para manobras ousadas de Maverick.

A TRILHA

A música que marcou o filme tocou tanto no final dos anos 1980 que chegou a enjoar. "Take My Breath Away", do grupo Berlin, era a trilha do romance de Maverick e Charlotte. A balada levou o Oscar de melhor canção original e ajudou a trilha a ser, sem exagero, uma das mais vendidas de todos os tempos. Giorgio Moroder, sempre ele, escreveu a maioria das músicas da trilha. Tom Whitlock, autor da maioria das letras, trabalhava na verdade como mecânico do carro de Moroder. Whitlock também assina "Danger Zone", outra música que de cara é associada ao filme. Quem canta é Kenny Loggins, aquele mesmo de *Footloose*. Loggins não era a primeira opção para interpretar a canção no longa, os grupos Toto e REO Speedwagon chegaram a ser considerados. O cantor e guitarrista ainda participa com "Playing with the Boys".

Ases Indomáveis

não dá para separar a imagem de **Pete "Maverick" Mitchell** de **Tom Cruise**

Terri Nunn, vocalista do Berlin, conta como surgiu o convite para banda participar da trilha: "Em 1986, a banda já estava junta há 13 anos e no terceiro disco. Fomos abordados pelo produtor Giorgio Moroder, que tinha trabalhado com David Bowie e Blondie e estava preparando a trilha de um filme chamado *Ases Indomáveis*.

Ele veio e disse que 'tinha uma grande balada que seria o som do verão e que a gente tinha que gravar'. Eu topei de cara, mas, John Crawford, compositor da banda e um dos fundadores, odiou. Ele dizia que não era o nosso tipo de som e que era melhor a gente nem gravar, mas aí a gravadora insistiu e acabamos topando. O engraçado é que 'Take My Breath Away' não fez sucesso de cara, só estourou graças ao esforço do pessoal da Columbia". Bryan Adams e Judas Priest estão entre os artistas que foram convidados a colaborar com a trilha, mas declinaram. Adams cederia a canção "Only the Strong Survive", mas desistiu porque achou que o filme, de certa forma, glorificava a guerra. Já o grupo de Rob Halford achou que o filme seria um fracasso de bilheteria e resolveu não ceder "Reckless". A música "Stranger Eyes", do álbum *Heartbreak City* do grupo The Cars, chegou a ser usada numa versão de *trailer*, mas acabou não entrando na versão final do filme. O CD com a *soundtrack* original chegou às lojas em 1986 pela Columbia, mas uma edição especial foi lançada em 1999 com cinco faixas bonus, incluindo "Great Balls of Fire" (Jerry Lee Lewis) e "You've Lost That Lovin' Feelin'" (The Righteous Brothers).

Giorgio Moroder

Berlin

TRACKLIST

01. Danger Zone - Kenny Loggins
02. Mighty Wings - Cheap Trick
03. Playing With the Boys - Kenny Loggins
04. Lead Me On - Teena Marie
05. Take My Breath Away (Love Theme from Top Gun)" - Berlin
06. Hot Summer Nights - Miami Sound Machine
07. Heaven in Your Eyes - Loverboy
08. Through the Fire - Larry Greene
09. Destination Unknown - Marietta
10. Top Gun Anthem - Harold Faltermeyer & Steve Stevens

1999 SPECIAL EDITION BONUS TRACKS
11. (Sittin' on) the Dock of the Bay - Otis Redding
12. Memories - Harold Faltermeyer
13. Great Balls of Fire (Original Version) - Jerry Lee Lewis
14. You've Lost That Lovin' Feelin - The Righteous Brothers
15. "Playing with the Boys" (12" Version) - Kenny Loggins

Labirinto – A Magia do Tempo
1986 (Labyrinth)

O FILME

"Eu quero que os goblins venham e o levem embora, agora!". O desejo de Sarah (Jennifer Connelly) foi uma ordem e, num passe de mágica, Toby (Toby Froud), seu irmão mais novo, foi transportado para o castelo de Jareth (David Bowie), o rei dos goblins. Para resgatar o garoto, Sarah precisa atravessar o labirinto que separa o mundo exterior do castelo dos goblins, onde seu irmão está aprisionado.

Acontece que a personagem de Connelly tem apenas 13 horas para encontrar a saída do confuso labirinto, cheio de portões e paredes que mudam de lugar o tempo todo. No caminho, Sarah conhece seres estranhos que acabam virando aliados, como Hoggle, um goblin-anão mal-humorado. Numa das muitas aventuras, Sarah tem de desvendar uma charada. Se errar a resposta, pode acontecer o pior. A direção é de Jim Henson e, a produção, de ninguém menos que George Lucas.

"Eu quero que os goblins venham e o levem embora, agora!"

Labirinto – A Magia do Tempo

Trevor Jones

🎵 A TRILHA

Praticamente metade da *soundtrack* é assinada pelo compositor sul-africano Trevor Jones, responsável pela trilha orquestrada. As outras cinco faixas são de autoria de David Bowie, o rei Jareth. O *hit* do filme é "As The World Falls Down", escrita por Bowie sob encomenda. A música pode ser ouvida ao fundo da cena onde Sarah morde um "pêssego encantado" e acaba tendo alucinações: vai parar dentro de uma bolha lançada por Jareth, onde acontece um baile de máscaras. No fim da canção, o encanto se quebra e a menina acorda. Viagem da braba. Ainda em 1986, foi preparado um videoclipe especialmente para o natal, mas o lançamento acabou sendo abortado por razões ainda nebulosas.

"As The World Falls Down" estava no lado A e "Within you" no lado B do LP compacto lançado em 1986, que tinha o selo "Labyrinth" na capa. Em 1995, a música foi relançada pela Virgin, no álbum *Tonight*, de David Bowie, e, em 2002, o clipe saiu no DVD duplo *Best of David Bowie*. "Magic Dance", também de Bowie.

TRACKLIST 🔊

01. Opening Titles Including Underground - David Bowie
02. Into the Labyrinth - Trevor Jones
03. Magic Dance - David Bowie
04. Sarah - Trevor Jones
05. Chilly Down - David Bowie
06. Hallucination - Trevor Jones
07. As the World Falls Down - David Bowie
08. Goblin Battle - Trevor Jones
09. Within You - David Bowie
10. Thirteen O'Clock - Trevor Jones
11. Home at Last - Trevor Jones
12. Underground - David Bowie

Ritmo Quente
1987 (Dirty Dancing)

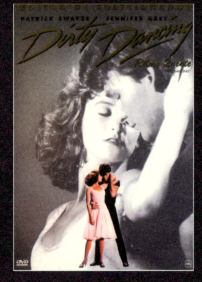

📷 O FILME

Segundo a mulherada, *Dirty Dancing – Ritmo Quente* é o filme mais fofo dos anos 1980. A história de Frances Houseman (Jennifer Grey), conhecida como Baby, que se apaixona pelo professor de dança Johnny Castle (Patrick Swayze) enquanto passa férias com a família num resort em Catskills, virou um dos grandes clássicos da década *pop*. Depois de descobrir onde os funcionários do hotel se divertem e dançam, Baby acaba conseguindo uma oportunidade de ouro: substituir a parceira de dança de Johnny que, grávida de um dos garçons, sai de licença.

Dr. Jake Houseman (Jerry Orbach), pai da mocinha do filme, não aprova a decisão da filha por achar que o professor de dança teria engravidado a colega de trabalho; o fator classe social também não ajudava muito a união do meigo casal. O romance impossível, embalado por uma premiada trilha sonora, transformou um filme de orçamento modesto – apenas dois milhões de dólares – num legítimo campeão de bilheteria.

Dirty Dance – Ritmo Quente

🎵 A TRILHA

O produtor Jimmy Ienner precisava de uma canção-título para *Dirty Dancing* e procurou o amigo Franke Previte. O compositor, de cara, disse não, porque na época estava trabalhando em seu próprio disco. Mas Ienner insistiu, dizendo a visionária frase: "Colocar a música nesse filme pode mudar a sua vida". Jimmy conta como "brifou" Previte: "Disse a ele que precisava de uma canção com mais ou menos sete minutos de duração, que começasse lenta, terminasse com ritmo e tivesse uma levada meio mambo". Se juntaram a Franke os parceiros John DeNicola e Don Marowitz, e os três gravaram uma demo no apartamento de Marowitz em Nova York.

O título "The Time of My Life" veio à cabeça de Previte enquanto ele dirigia pela estrada Garden State Parkway, em Nova Jersey, depois de uma conversa ao telefone com o produtor. "Hungry Eyes," que deveria ter entrado no disco solo de Previte, também acabou indo parar na trilha sonora.

Para interpretar "(I've had) The Time of My Life", o plano de Franke Private era contar com Bill Medley, dos Rigtheous Brothers. Ienner, fã da banda, ficou animado com a possibilidade. Só que Bill também disse não de cara, pois ainda estava se recuperando do fracasso de outra aventura cinematográfica: "Loving on Borrowed Time", dueto com Gladys Knight para o filme *Cobra*, de Sylvester Stallone. Mas, depois de dois meses insistindo, Private finalmente convenceu Medley, e, além de escalar Jennifer Warnes (de quem Bill era fã) para o dueto, mudou a gravação para Los Angeles para facilitar a vida de Bill.

Warnes, que também era fã do cantor, costumava dizer que Bill Medley era "o Fred Astaire da voz". Não custa lembrar que Jennifer tinha um dueto de sucesso no currículo: cantou "Up Where We Belong" com Joe Cocker para a trilha *A força do destino*/1982. Com tantas credenciais, não tinha como ser diferente: "(I've Had) The Time of My Life" faturou o Oscar de melhor canção original em 1987, levou também o Globo de Ouro de melhor canção original e o Grammy melhor performance vocal em dueto, estes dois últimos em 1988. A música chegou ao topo das paradas nos Estados Unidos e na Inglaterra. Outro destaque da *soundtrack* é a também premiada "She's Like the Wind", de coautoria de Patrick Swayze e cantada pelo próprio. Ainda faz parte da trilha "Be My Baby", sucesso do grupo The Ronettes nos anos 1960.

Franke Previte

Bill Medley

Jimmy disse ao Frank Previte: **"Colocar** a música nesse **filme** pode mudar **a sua vida"**

TRACKLIST 🔊

01. (I've Had) The Time of my Life - Bill Medley and Jennifer Warnes
02. Be My Baby - The Ronettes
03. She's Like the Wind - Patrick Swayze
04. Hungry Eyes - Eric Carmen
05. Stay - Maurice Williams and The Zodiacs
06. Yes - Merry Clayton
07. You Don't Own Me - The Blow Monkeys
08. Hey Baby - Bruce Channel
09. Overload - Zappacosta
10. Love Is Strange - Mickey and Sylvia
11. Where Are You Tonight - Tom Johnston
12. In The Still of the Night - The Five Satins

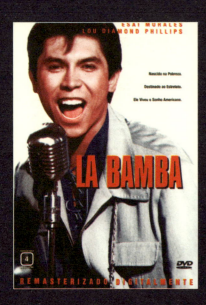

La Bamba
1987 (La Bamba)

 O FILME

3 de fevereiro de 1959, o dia em que a música morreu. Foi por causa do desastre de avião que matou três estrelas do *rock* (Buddy Holly, Ritchie Valens e Big Bopper) que o cantor *folk* Don McLean compôs "American pie". *La Bamba* conta a história do mais jovem roqueiro a bordo do Beechcraft Bonanza que caiu em Iowa/EUA: Ricardo Valenzuela, ou simplesmente Ritchie Valens. A carreira de Ritchie foi meteórica. Ele apareceu no final dos anos 1950 com o *hit* "Come on, Let's Go" e explodiu nas rádios americanas. (Aliás, justamente por isso, o filme por pouco não se chamou "Let's Go".) Valens ainda teria tempo de emplacar a balada "Donna", inspirada numa paixão de colégio, Donna Ludwig, e uma versão rock *'n' roll* de "La Bamba", tradicional canção mexicana. O filme do diretor Luiz Valdez conta bem essa história. Lou Diamond Philips, então com 25 anos, interpreta o *rock star* de 17.

La Bamba

sem nenhum exagero, dá para dizer que é praticamente um disco dos Los Lobos, das 12 faixas do álbum, 8 foram gravadas por David Hidalgo & Cia

♪ A TRILHA

A trilha sonora original do filme foi lançada no dia 24 de junho de 1987 pela gravadora London Records. E, sem nenhum exagero, dá para dizer que é praticamente um disco dos Los Lobos. Das 12 faixas do álbum, o grupo gravou 8. Hidalgo, aliás, é o responsável pela voz que Lou Diamond Philips dubla no filme. "Para mim, a única chance de recriar a música de Ritchie Valens eram os Los Lobos", conta o produtor musical do longa, Miles Goodman. "Foi uma honra ter ajudado a contar a história", crava Hidalgo.

A trilha incidental, vencedora do BMI Film Music Award de 1988, ficou a cargo de ninguém menos do que Carlos Santana. "Sempre fui fã de Ritchie Valens. O que eu mais gostava nele era sua abnegação", conta o guitarrista. Outra curiosidade: o estiloso e impagável Eddie Cochran do filme é Brian Setzer, vocalista de Stray Cats. Ele é o responsável pela versão do clássico "Summertime blues" tocada na cena do programa de aniversário do DJ Alan Freed no teatro Brooklyn Paramount. Na pele de Buddy Holly, interpretando "Crying, Waiting, Hoping", está o cantor e guitarrista Marshall Crenshaw. "Quando ouvi Marshall pela primeira vez fiquei chocado. Era Buddy 25 anos depois", confessa o produtor Taylor Hackford. Howard Huntsberry encarnou o swingado Jackie Wilson cantando a irresistível "Lonely Teardrops". E, de quebra, Bo Diddley ataca de "Who Do You Love".

TRACKLIST

01. La Bamba - Los Lobos
02. Come On, Let's Go - Los Lobos
03. Ooh, My Head - Los Lobos
04. We Belong Together - Los Lobos
05. Framed - Los Lobos
06. Donna - Los Lobos
07. Lonely Teardrops - Howard Hucksberry
08. Crying, Waiting, Hoping - Marshall Crenshaw
09. Summertime Blues - Brian Setzer
10. Who Do You Love - Bo Diddley
11. Charlena - Los Lobos
12. Goodnight My Love - Los Lobos

A fera do rock
1989 (Great Balls of Fire)

 O FILME

Mais uma cinebiografia da série "lendas do *rock*". Dennis Quaid é Jerry Lee Lewis, o alucinado pianista e cantor que surgiu em meados dos anos 1950 e logo entrou para o estelar cast da gravadora Sun Records, que já contava com Elvis Presley, Roy Orbison, Carl Perkins e Johnny Cash. O filme é baseado no livro *Great Balls of Fire*, escrito em 1982 pela ex-mulher do roqueiro, Myra Gale Brown, interpretada por Winona Ryder na adaptação para o cinema. O polêmico casamento dos primos Jerry e Myra é mostrado no longa; além dos laços de sangue, a união chocou a sociedade pela pouca idade da noiva: 13 anos.

Apesar do caráter biográfico do longa do diretor Jim McBride a intenção nunca foi ficar preso aos fatos. "*Great Balls of Fire* não é um documentário histórico, usamos o livro como ponto de partida", esclarece o cineasta. Vai ver que é por isso que Jerry Lee Lewis, o biografado, não faz questão alguma de esconder que odeia o filme. E o livro. Mas, como não poderia deixar de ser, a trilha é um desfile de clássicos do sujeito que disputava o trono de rei do *rock* com Elvis Presley. Eric Clapton disse uma vez: "A primeira cena de rock '*n' roll* que eu vi na TV foi Jerry Lee Lewis tocando 'Great Balls of Fire'. Chapei, era como ver alguém de outro planeta tocando".

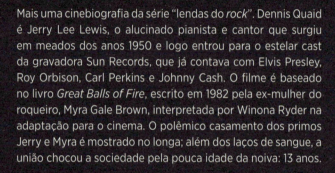

> "**Great Balls of Fire** não é um documentário **histórico**, usamos o livro como **ponto de partida**"

A fera do rock

🎵 **A TRILHA**

O próprio Jerry Lee Lewis regravou as músicas selecionadas para integrarem a trilha sonora. Foram essas versões que Dennis Quaid dublou, o que o pessoal do meio chama de *lip-sync*. Em compensação, pelo menos em algumas cenas, quem aparece tocando o piano é o ator; Quaid tinha uma boa noção de música, tocava guitarra há 20 anos. Já para as enlouquecidas *performances* ao vivo retratadas no filme, o dublê de Quaid foi o pianista e cantor Jason D. Williams, que na época era comparado a Jerry pelo jeitão de tocar. Williams também chegou a ensinar alguns truques ao ator no *set* de filmagem.

A trilha sonora foi lançada em 8 de junho de 1989 pela Polydor Records. A faixa 12, última do disco, é a única versão original, e não por acaso é justamente "Great balls of fire". Otis Blackwell, o mesmo compositor por trás de vários *hits* de Elvis, também é um dos autores dessa música. A incendiária canção, gravada no dia 8 de outubro de 1957, foi lançada como *single* em novembro do mesmo ano e logo chegou ao topo das paradas; só na *Billboard* entrou direto em três listas: *pop*, R&B e *country*. A *Rolling Stone* colocou a canção entre as 100 melhores da história.

> **Quaid tinha uma boa noção de música, tocava guitarra há 20 anos**

Jerry Lee Lewis

TRACKLIST

01. Great Balls Of Fire - Jerry Lee Lewis
02. High School Confidential - Jerry Lee Lewis
03. Big Legged Woman - Booker T. Laury
04. I'm On Fire - Jerry Lee Lewis
05. Rocket 88 - Jackie Brenston And The Delta Cats
06. Whole Lotta Shakin' Goin' On - Jerry Lee Lewis
07. Whole Lotta Shakin' Goin' On - Valerie Wellington
08. Breathless - Jerry Lee Lewis
09. Crazy Arms - Jerry Lee Lewis/Dennis Quaid
10. Wild One - Jerry Lee Lewis
11. That Lucky Old Sun - Jerry Lee Lewis
12. Great Balls of Fire (Original Version) - Jerry Lee Lewis

Batman

 OS FILMES

BATMAN/1989 (BATMAN)

O homem-morcego andava longe das telonas desde 1966, quando foi lançado o filme baseado na inesquecível série de TV estrelada por Adam West (Batman) e Burt Ward (Robin). Até que no final dos anos 1980, o diretor Tim Burton revirou a batcaverna e jogou os holofotes no cavaleiro das trevas. O longa de 1989 mostra rapidamente a transformação de Bruce Wayne em Batman (Michael Keaton), dá uma geral na sombria Gotham City e mostra o surgimento do Coringa, brilhantemente interpretado por Jack Nicholson – isso mais de uma década antes de Heath Ledger ganhar o Oscar por sua versão igualmente aplaudida do vilão. Daí para frente é o que se espera: o morcegão caçando o palhaço psicopata pela cidade. Kim Basinger está no papel da sensual fotógrafa Vicki Vale.

O longa de 89 mostra rapidamente a transformação de Bruce Wayne em Batman

Michael Keaton

Batman

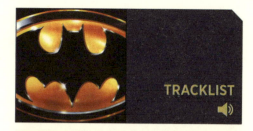

🎵 A TRILHA

Tim Burton não queria nada comercial em *Batman*, por isso torceu o nariz quando os executivos da Warner Bros., talvez querendo repetir o sucesso de *Purple Rain*, convidaram Prince para colaborar com a *soundtrack*. O artista gravou a trilha em apenas seis semanas, mas usou algumas músicas que foram gravadas no ano anterior ao lançamento do filme: "Electric Chair", "Scandalous" e "Vicki Waiting". Prince, com pequenas exceções, como o dueto com Sheena Easton em "The Arms of Orion", tocou todos os instrumentos no disco. Para o *score* do longa, foi convocado o compositor Danny Elfman, então vocalista do Oingo Boingo, que já havia trabalhado com Tim Burton em *As grandes aventuras de Pee-Wee*/1985 e em *Os Fantasmas Se Divertem*/1988.

TRACKLIST

01. Future - Instrumental
02. Electric Chair - Instrumental
03. Arms of Orion - Sheena Easton, Prince
04. Partyman - Instrumental
05. Vicki Waiting - Instrumental
06. Trust - Instrumental
07. Lemon Crush - Instrumental
08. Scandalous - John L. Nelson, Prince
09. Batdance - Instrumental

BATMAN – O RETORNO/1992 (BATMAN RETURNS)

Esse filme foi repeteco da dupla Burton/Keaton. As novidades ficam por conta dos vilões: Michelle Pfeiffer, como Mulher-Gato, e Danny De-Vito, perfeito na pele do Pinguim. O longa conta o surgimento dos inimigos do homem-morcego, que unem forças para tirar o sossego de Gotham e destruir Batman. Era para Robin ter dado as caras já nesse filme, mas isso só aconteceu no filme seguinte.

🎵 A TRILHA

Para a *soundtrack* de *Batman – O Retorno*, lá estava Danny Elfman de novo. Além da trilha instrumental, Elfman compos a canção "Face to Face", interpretada pelo grupo Siouxsie & the Banshees. A música foi usada na divulgação do filme antes do lançamento. Duas versões do videoclipe foram feitas (a segunda com trechos do longa) e uma versão *remix*, assinada por 808 State.

TRACKLIST

01. Birth of a Penguin - Instrumental
02. Opening Titles - Instrumental
03. To the Present - Instrumental
04. The Lair - Instrumental
05. Selina Kyle - Instrumental
06. Selina Transforms - Instrumental
07. The Cemetery - Instrumental
08. Cat Suite - Instrumental
09. Batman vs. the Circus - Instrumental
10. The Rise... - Instrumental
11. ...and Fall From Grace - Instrumental
12. Sore Spots - Instrumental
13. Rooftops - Instrumental
14. Wild Ride - Instrumental
15. The Children's Hour - Instrumental
16. The Final Confrontation - Instrumental
17. Penguin Army - Instrumental
18. Selina's Electrocution - Instrumental
19. The Finale - Instrumental
20. End Credits - Instrumental
21. Face to Face – Siouxsie and the Banshees

Almanaque da Música Pop no Cinema

BATMAN ETERNAMENTE/1995 (BATMAN FOREVER)

Agora sim, Robin (Chris O' Donnell) entra em cena, mas essa não é a única novidade do terceiro filme da série: Batman agora é Val Kilmer e quem assina a direção é Joel Schumacher e Tim Burton assumiu a produção. O elenco é estelar: Tommy Lee Jones (Duas-Caras), Jim Carrey (Charada) e Nicole Kidman (Dra. Chase Meridian). O longa conta como Robin surgiu e, junto com o tutor-morcego, vai tentar deter a dupla de vilões.

♪ A TRILHA

Em *Batman Eternamente* a música *pop* finalmente deu as caras em grande estilo: "Hold Me, Thrill Me, Kiss Me, Kill Me" do U2 e "Kiss from a Rose", do cantor Seal, concorreram ao MTV Movie Awards. Joel Schumacher, diretor do longa, também dirigiu o clipe da música de Seal, que chegou ao topo das paradas nos EUA. A *soundtrack* ainda conta com Michael "INXS" Hutchence – fazendo um *cover* de Iggy Pop –, Nick Cave, Offspring e PJ Harvey. O álbum vendeu quase tanto quanto o disco do primeiro filme, assinado por Prince. O *score* ficou por conta do compositor Elliot Goldenthal.

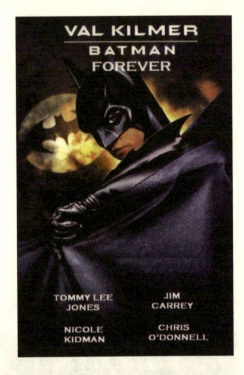

Seal

TRACKLIST

01. Hold Me, Thrill Me, Kiss Me, Kill Me - U2
02. One Time Too Many - PJ Harvey
03. Where Are You Now? - Brandy
04. Kiss from a Rose - Seal
05. The Hunter Gets Captured by the Game - Massive Attack & Tracey Thorn (Smokey Robinson cover)
06. Nobody Lives Without Love - Eddi Reader
07. Tell Me Now - Mazzy Star
08. Smash It Up - The Offspring (The Damned cover)
09. There Is a Light - Nick Cave
10. The Riddler - Method Man
11. The Passenger - Michael Hutchence (Iggy Pop cover)
12. Crossing the River - Devlins
13. 8 - Sunny Day Real Estate
14. Bad Days - The Flaming Lips

Batman

BATMAN & ROBIN/1997 (BATMAN & ROBIN)

Esse é considerado pelos fãs o pior filme da série, foram 11 indicações ao prêmio "Framboesa de Ouro", o Oscar do mundo bizarro. Chris O'Donnell está de volta como Robin, mas Batman agora é George Clooney, que na época bombava como o Dr. Doug Ross da série *Plantão Médico*. A missão da dupla dinâmica é combater o gélido Mr. Freeze, interpretado pelo ex-governador da Califórnia, Arnold Schwarzenegger. A trama ainda conta com a participação de Alicia Silverstone como Batgirl e Uma Thurman como Hera Venenosa. Na direção, novamente Joel Schumacher.

♪ A TRILHA

Já em *Batman & Robin*, dá para dizer que a trilha foi mais bem recebida que o filme, o que não era lá muito difícil. Apesar do elenco estelar com direito a George Clooney tirando onda de Bruce Wayne, só ela se salvou no longa de 1997: R.E.M., Goo Goo Dolls e Smashing Pumpkins salvaram o homem-morcego do fracasso total. As canções de Jewel ("Foolish Games"), de Bone Thugs-n-Harmony ("Look into My Eyes") e de R. Kelly ("Gotham City") entraram para o Top 10 da parada americana. "The End Is the Beginning Is the End" dos Smashing Pumpkins foi usada mais de uma década depois no trailer de *Watchmen – O Filme*/2009. Para a trilha instrumental, de novo Elliot Goldenthal, que aparece na faixa 13 com "A Batman Overture".

TRACKLIST

01. The End Is the Beginning Is the End - The Smashing Pumpkins
02. Look into My Eyes - Bone Thugs-n-Harmony
03. Gotham City - R. Kelly
04. House on Fire – Arkarna
05. Revolution - R.E.M.
06. Foolish Games - Jewel
07. Lazy Eye - Goo Goo Dolls
08. Breed - Lauren Christy
09. The Bug - Soul Coughing
10. Fun for Me - Moloko
11. Poison Ivy - Meshell Ndegeocello
12. True to Myself - Eric Benét
13. A Batman Overture - Elliot Goldenthal
14. Moaner - Underworld
15. The Beginning Is the End Is the Beginning - The Smashing Pumpkins
16. Alarmala de tos (bonus track para América Latina) - Cafe Tacuba

Almanaque da Música Pop no Cinema

BATMAN BEGINS/2005 (BATMAN BEGINS)

Depois do fiasco de *Batman & Robin*, o homem-morcego está de volta aos cinemas depois de quase 10 anos hibernando na batcaverna. O nome indica um recomeço, a inauguração de uma nova franquia. Saem as firulas, voltam as histórias clássicas. Batman agora é vivido por Christian Bale, perfeito na pele do homem-morcego a não ser pela voz rouca demais. O roteiro do longa dirigido por Christopher Nolan foi baseado principalmente em duas clássicas histórias em quadrinhos, *Batman: Ano Um* e *Batman: o longo dia das bruxas*. Um timaço de atores ajuda a contar a história: Liam Neeson (Ra's Al Ghul), Kate Holmes (Rachel Dawes), Michael Caine (Alfred, o mordomo), Gary Oldman (Comissário Gordon) e Morgan Freeman (Lucius Fox) para citar alguns.

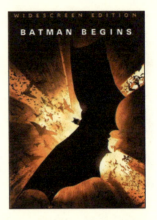

🎵 A TRILHA

Para a nova fase, nova trilha. E nada de música *pop*. Nolan convidou Hans Zimmer para o *score* do filme, que por sua vez estendeu o convite a James Newton Howard. A dupla de compositores começou trabalhando em Los Angeles, mas acabou mudando para Londres durante o processo, onde ficou por três meses. Regulares visitas ao *set* de filmagem serviram de inspiração para os temas ouvidos em *Batman Begins*.

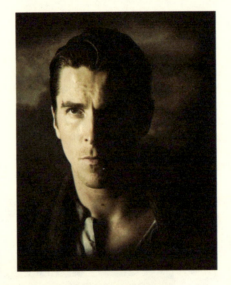

TRACKLIST

01. Vespertilio - Instrumental
02. Eptesicus - Instrumental
03. Myotis - Instrumental
04. Barbastella - Instrumental
05. Artibeus - Instrumental
06. Tadarida - Instrumental
07. Macrotus - Instrumental
08. Antrozous - Instrumental
09. Nycteris - Instrumental
10. Molossus - Instrumental
11. Corynorhinus - Instrumental
12. Lasiurus - Instrumental

Batman

BATMAN – O CAVALEIRO DAS TREVAS/2008 (THE DARK KNIGHT)

No novo filme da franquia a dupla Nolan/Bale está de volta, assim como Caine, Oldman e Freeman nos papéis de Alfred, Gordon e Lucius. Maggie Gyllenhaal é a nova Rachel Dawes e Aaron Eckhart faz o Duas-Caras. Mas quem rouba a cena do filme, definitivamente, é o saudoso Heath Ledger no papel do Coringa. Como laboratório para interpretar o palhaço psicopata, assassino e esquizofrênico, Ledger viveu sozinho num quarto de hotel por um mês, formulando a postura, voz e psique do personagem. A ideia do ator era fugir do Coringa de Jack Nicholson do filme de Tim Burton. "Tem um pouco de tudo nele. Não há nada consistente. Há algumas surpresas", dizia Ledger. Mas a grande surpresa foi sua morte prematura poucos meses antes da estreia de *Cavaleiro das Trevas*.

♪ A TRILHA

Mais uma vez a dupla Zimmer/Howard entra em cena. A *soundtrack*, gravada em abril de 2008, ganhou o Grammy de melhor trilha sonora original para filme. Destaque para a suite "Why So Serious", de nove minutos, feita sob medida para o Coringa de Heath Ledger. Uma série limitada de discos de vinil com a trilha chegou às lojas junto com o DVD em dezembro do mesmo ano. De novo, a música *pop* passou longe.

TRACKLIST

01. Why so serious? - Instrumental
02. I'm not a hero - Instrumental
03. Harvey Two-Face - Instrumental
04. Aggressive expansion - Instrumental
05. Always a catch - Instrumental
06. Blood on My Hands - Instrumental
07. A little push - Instrumental
08. Like a dog chasing cars - Instrumental
09. I am the Batman - Instrumental
10. And I thought my jokes were bad - Instrumental
11. Agent of chaos - Instrumental
12. Introduce a little anarchy - Instrumental
13. Watch the world burn - Instrumental
14. A dark knight - Instrumental

Ghost - do outro lado da vida
1990 (Ghost)

 O FILME

Definitivamente, o longa que mais arrancou lágrimas das plateias nos anos 1990. Prova disso é que, quando o filme foi exibido em Monterrey, no México, o público feminino recebia um envelope na entrada da sala onde que estava escrito "apenas para mulheres", que continha um pequeno lenço para que elas enxugassem as lágrimas.

No início da trama, Sam (Patrick Swayze) e Molly (Demi Moore) formam um daqueles casais felizes de dar inveja. Mas tudo muda quando ele começa a investigar alguns desfalques no banco onde trabalha com Carl (Tony Goldwyn), que se revela o autor das ladroagens. Com medo de ser descoberto, Carl acaba sendo responsável pelo assassinato de Sam e, para mostrar que é mesmo um traíra, nem esperou o corpo do cara esfriar para começar a jogar suas asas para cima de Molly. Ele só não contava que o espírito de Sam continuasse na terra para descobrir tudo e, com auxílio de Oda Mae (Whoopi Goldberg) – uma medium até então charlatã que se descobre realmente capaz de se comunicar com o mundo dos mortos –, revelar para sua viúva toda a verdade sobre seu assassinato e, de quebra, impedi-la de cair na lábia do malandro. Além das aparições fantasmagóricas de Sam, uma outra cena famosa do filme – e muito parodiada – é a do casal tentando esculpir um pote de argila ao som de "Unchained melody" na voz dos Righteous Brothers. Vamos à trilha.

Ghost - do outro lado da vida

🎵 A TRILHA

Se engana quem acha que a canção de Alex North debutou na telona em *Ghost*. Mas foi graças ao filme que "Unchained Melody" retornou às paradas 35 anos após ter sido lançada. A música já havia sido usada em outro longa em 1955, *Unchained*, baseado no livro *Prisoners are People*, que tinha uma prisão como pano de fundo e contava a história de Elroy "Crazy Legs" Hirsch, um jogador de futebol americano.

A versão dos anos 1950 foi gravada por Todd Duncan, famoso barítono negro da época, e indicada ao Oscar de melhor canção original. Reza a lenda que o letrista Hy Zaret só incluiu a palavra *Unchained* por insistência dos produtores da Warner Bros. E só 10 anos depois, em 1965, os Righteous Brothers registraram o *hit* e cravaram a música na lista das "500 maiores canções de todos os tempos" elaborada pela revista *Rolling Stone*. O curioso é que duas versões fizeram sucesso nos anos 1990, ambas com o dueto formado por Bill Medley e Bobby Hatfield: a original dos anos 1960 e uma regravação dos mesmos Righteous Brothers, que só era encontrada num *single* lançado em fita cassette.

O restante da trilha sonora incidental de *Ghost* foi composta por Maurice Jarre, pai do tecladista Jean Michel Jarre. É uma combinação de percussão eletrônica e orquestra. Maurice foi também o responsável por uma versão totalmente instrumental de "Unchained Melody" para o longa.

A *soundtrack* foi indicada ao Oscar de melhor trilha sonora, mas perdeu para *Dança com Lobos*. Elvis Presley, U2, Cindy Lauper e até Smashing Pumpkins gravaram "Unchained Melody". Ao todo se fala em inacreditáveis 500 versões da música em diferentes línguas.

Maurice Jarre

Maurice foi o responsável por uma **versão totalmente** instrumental de **"Unchained Melody"** para o longa

TRACKLIST 🔊

01. Unchained Melody - Righteous Brothers
02. Ghost - Maurice Jarre
03. Sam - Maurice Jarre
04. Ditto - Maurice Jarre
05. Carl - Maurice Jarre
06. Molly - Maurice Jarre
07. Unchained Melody [Orchestral] - Maurice Jarre
08. End Credits - Maurice Jarre
09. Fire Escape - Maurice Jarre
10. Oda Mae & Carl - Maurice Jarre

Righteous Brothers

Uma linda mulher
1990 (Pretty Woman)

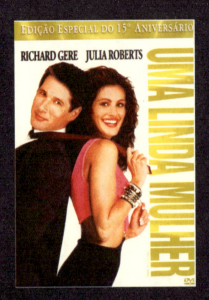

 O FILME

Christopher Reeve, aquele mesmo do *Superman*, chegou a ser considerado para o papel de Edward Lewis. Al Pacino e Sylvester Stallone também declinaram o convite. Diz a lenda que até John Travolta foi testado. Mas o personagem do milionário que se apaixonava pela prostituta acabou caindo no colo do ex-*Gigolô Americano* (filme de 1980): Richard Gere. Para a vaga da personagem-título, a briga era boa: Kim Basinger, Kathleen Turner, Geena Davis, Bo Derek, Melanie Griffith, Sharon Stone, Michelle Pfeiffer, Madonna, Rosanna Arquette, Heather Locklear, Elisabeth Shue, Bridget Fonda, entre outras. Ufa, haja mulher bonita! E a lista parece não ter fim: Drew Barrymore e Brooke Shields tentaram, Jodie Foster ficou interessada, Sandra Bullock e Sarah Jessica Parker disseram não, assim como Winona Ryder.

 A TRILHA

Mais um daqueles casos em que a música, de tão importante, deu nome ao filme. "Oh, Pretty Woman" foi composta pela dupla Roy Orbison/Bill Dees em 1964. A história é mais ou menos assim: Claudette, esposa de Orbison, estava de saída quando o cantor e seu parceiro começavam a trabalhar numa nova canção. Roy perguntou se a mulher precisava de algum dinheiro. De bate-pronto, Bill disparou: "A Pretty woman never needs any money." [Uma linda mulher nunca precisa de dinheiro]

Foi a deixa: 40 minutos depois a música estava pronta. "Oh, Pretty Woman" ficou quase 20 semanas nas paradas nos Estados Unidos e na Inglaterra. Aliás, Roy Orbison foi o único artista americano a atingir o primeiro lugar na terra da rainha. A canção foi gravada no Monument Records, em Nashville, Tennessee.

Uma linda mulher

Roy **perguntou se a mulher precisava de algum dinheiro.** **De bate-pronto, Bill disparou:** **"A Pretty woman never needs any money."**

Roy Orbison

O clássico *riff* de guitarra da introdução foi tocado por Wayne Moss, do grupo de *country* Barefoot Jerry. A letra fala da história de um cara que vê uma linda mulher passando e fica imaginando se ela, mesmo sendo bonita, estaria sozinha como ele. No último minuto ela se vira, nota o sujeito e o resto é história. O *hit* de Orbison claramente inspirou o filme dirigido por Garry Marshall.

Como obviamente a música entraria na trilha sonora, a Disney pagou os direitos autorais pelo uso da canção. Mas não precisou abrir os cofres pelo uso no título do longa, que originalmente se chamava Three Thousand (*As in $3,000 a Night Hooker*). Graças ao filme a música voltou às paradas de sucesso, de onde nunca mais saiu. Prova disso é que, em 1991, Roy Orbison recebeu um Grammy póstumo de melhor cantor pela gravação ao vivo de "Oh, Pretty Woman" num especial da HBO; em 1999, entrou para o Hall da Fama do *Rock* and Roll graças à canção e, em 2004, a música ficou entre as 500 na lista "Greatest Songs of All Time". É bom lembrar que a canção já havia sido usada no cinema: em *Mulher nota 1000*. Mas nem só de "Oh, Pretty Woman" vive a *soundtrack* de *Uma linda mulher*. O disco traz canções de David Bowie, Red Hot Chilli Peppers, Natalie Cole, Peter Cetera e Roxette. Aliás, é da dupla *pop* sueca o segundo grande sucesso da trilha sonora: "It Must Have Been Love". O *single* foi lançado em 1987 na Suécia, mas só foi rodar o mundo em 1990, depois de o filme ganhar as telas. O convite para integrar a trilha do longa foi feito pela Touchstone Pictures através da EMI, então gravadora da dupla. Como não havia tempo para compor e gravar uma nova canção devido ao intenso ritmo de *shows* – o Roxette estava em turnê pela Austrália e Nova Zelândia - novos vocais foram acrescentados à gravação original. "It Must Have Been Love" passou duas semanas em primeiro lugar na lista das 100 mais tocadas da Billboard, a mesma revista que listou a música, entre tantos outros recordes em vários países, como o segundo maior *hit* do ano, de quebra, ela foi certificada como ouro pela RIAA pela venda de 500 mil cópias. O relançamento da versão de 1990 da canção entrou no Top 10 britânico em setembro de 1993, após *Uma linda mulher* ter sido exibido pela primeira vez na TV do país.

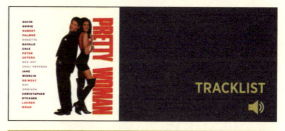

TRACKLIST

01. Wild Women Do - Natalie Cole
02. Fame '90 - David Bowie
03. King of Wishful Thinking - Go West
04. Tangled - Jane Wiedlin - Listen
05. It Must Have Been Love - Roxette
06. Life in Detail - Robert Palmer
07. No Explanation - Peter Cetera
08. Real Wild Child (Wild One) - Christopher Otcasek
09. Fallen - Lauren Wood
10. Oh, Pretty Woman - Roy Orbison
11. Show Me Your Soul - Red Hot Chili Peppers

Jovens demais para morrer
1990 (Young Guns II)

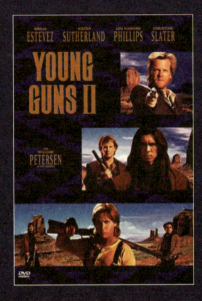

🎥 O FILME

Nesta sequência de *Jovens pistoleiros*/1988, Emilio Estevez encarna novamente o papel de Billy the Kid, um dos mais ativos e respeitados foras da lei entre aqueles do sudoeste dos Estados Unidos e do norte do México. O filme é narrado da perspectiva de Brushy Bill Roberts que, nos anos 1940, começou a espalhar que era o famigerado bandido. No bando de Billy, "os justiceiros", estavam a nata do cinema *pop* dos anos 1980: Kiefer Sutherland de *Os garotos perdidos*/1987, como Josiah Gordon 'Doc' Scurlock; Lou Diamond Phillips de *La Bamba*, como Jose Chavez y Chavez e Christian Slater de *A lenda de Billie Jean*/1985, como Arkansas Dave Rudabaugh. Sem falar em Viggo Mortensen (que fez sucesso de verdade apenas no século seguinte como Aragorn de *O Senhor dos anéis*/2001), na pele de John W. Poe.

Essa franquia foi a segunda versão cinematográfica da história do bandido americano morto aos 21 anos. Em 1973, foi lançado *Pat Garret e Billy the Kid*, filme sobre os últimos dias de Billy, rodado no México e com trilha sonora de ninguém menos que Bob Dylan, com direito à "Knockin' on Heaven's Door". Aliás, a canção, regravada por Guns n' Roses, Eric Clapton e Avril Lavigne, foi lançada no *soundtrack* do longa.

> **Billy the Kid** era um dos mais ativos e respeitados **foras da lei** entre o sudoeste **americano** e norte **mexicano**

Jovens demais para morrer

🎵 A TRILHA

Jon Bon Jovi assina 10 das 11 faixas da trilha sonora do longa; o compositor Alan Silvestri colaborou com o tema instrumental "Guano City". Originalmente, a ideia dos produtores era usar "Wanted Dead or Alive", que teria servido de inspiração para o roteiro de *Jovens pistoleiros*. Mas Bon Jovi, achando que a letra da música não era muito apropriada à continuação, ofereceu-se para compor a *soundtrack*. Tempos depois de ouvir o argumento do roteiro pelo telefone e sem ver uma cena sequer, o cantor-galã apareceu com "Blaze of Glory". Foi o álbum de estreia da carreira solo do vocalista, que estava dando um tempo da banda Bon Jovi. O disco, que vendeu mais de dois milhões de cópias nos Estados Unidos e ganhou duas platinas, é a própria da trilha sonora do filme.

Nas composições, Bon Jovi contou com o luxuoso apoio do lendário guitarrista Jeff Beck, que inclusive pode ser visto tocando o solo de *slide* no clipe de "Miracle", segunda faixa do disco. Ainda sobre "Blaze of Glory", quem tocou o baixo na gravação foi Randy Jackson, jurado do programa *American Idol*, que soltou a seguinte frase no programa: "Foi a minha segunda melhor *performance* como baixista". O *hit* bonjoviano foi indicado ao Oscar de melhor canção, e levou o Globo de Ouro na mesma categoria. Apesar de não creditado, Jon Bon Jovi fez uma ponta no filme: ele é o sujeito baleado no peito durante a fuga Doc e Chavez da cadeia.

Bon Jovi

Jeff Beck

TRACKLIST 🔊

01. Billy Get Your Guns - Jon Bon Jovi
02. Miracle - Jon Bon Jovi
03. Blaze Of Glory - Jon Bon Jovi
04. Blood Money - Jon Bon Jovi
05. Santa Fe - Jon Bon Jovi
06. Justice In The Barrel - Jon Bon Jovi
07. Never Say Die - Jon Bon Jovi
08. You Really Got Me Now - Jon Bon Jovi
09. Bang A Drum - Jon Bon Jovi
10. Dyin' Ain't Much Of A Livin' - Jon Bon Jovi
11. Guano City - Alen Silvestri

The commitments – loucos pela fama

1991 (The Commitments)

📷 O FILME

Eles não tinham absolutamente Nada. Mas estavam dispostos a apostar tudo. Esse era o lema da turma que invadiu os *pubs* da cidade fazendo *cover* de grandes nomes da música negra americana. Mas, como em quase todo grupo que se preze, os desentendimentos não demoraram a aparecer, principalmente quando o gaiato trompetista Joey (Johnny Murphy), que vive contando vantagem e jogando charme, consegue agendar uma canja de Wilson Pickett com a banda e ele chega atrasado. O longa foi uma coprodução entre Irlanda, Inglaterra e Estados Unidos. A história foi adaptada do livro de Roddy Doyle – que também participou do roteiro – e dirigido por Alan Parker (o mesmo de *Fama*, *Evita*/1996, e a animação *Pink Floyd The Wall*/1982). The Commitments – loucos pela fama introduziu o *rhythm and blues* à nova geração, assim como os *Os Irmãos Cara de Pau* fizeram no início dos anos 1980. Em 2005, esse biscoito fino do cinema *pop* foi eleito o melhor filme irlandês de todos os tempos.

Dá para dizer que **a música** que embala o filme é **"Mustang Sally"**, pérola do compositor **Mack Rice**

The commitments – loucos pela fama

♪ A TRILHA

A trilha sonora é um desfile de clássicos da *soul music*: "Mustang Sally", "Try a Little Tenderness", "Mr. Pitiful" e "In the midnight hour". Dá para dizer que a música que embala o filme é "Mustang Sally", pérola do compositor Mack Rice imortalizada na voz de Wilson Pickett.

Um intergrante da banda de Della Reese (atriz e cantora americana) queria um novo Ford Mustang. Rice, tirando um sarro da história, compôs uma canção chamada "Mustang Mama". . Reza a lenda do R&B que "Mustang" só virou "Sally" graças à Aretha Franklin. A versão original de Bonny Rice (ou "Sir" Mack Rice), gravada em 1965, chegou ao número 15 nas paradas. Já a regravação de Pickett conseguiu a sexta posição em 1966. Mas por pouco o *take* não se perde: logo depois da gravação no famoso estúdio Muscle Shoals, no Alabama, o rolo de fita caiu no chão e se despedaçou. Tom Dowd, o engenheiro de som, calmamente pediu que todos saíssem das alas e voltassem em meia hora. Para alívio geral, Tom juntou os pedaços e salvou o que viria a ser um dos maiores sucessos dos anos 1960.

Outro clássico de Mr. Wilson na trilha do filme é "In The Midnight Hour", composta em parceria com Steve Cropper no histórico Lorraine Motel em Memphis, onde Martin Luther King seria assassinado em 1968. Músicos do grupo irlandês The Corrs aparecem no filmes em pequenos papéis: Andrea Corr (voz e tin whistle) faz a irmã pequena de Jimmy. Jim Corr (guitar) integra a banda Avant-Garde-A-Clue. Caroline Corr (bateria) aparece na audição de "I Never Loved A Man". Finalmente, Sharon Corr (violino) pôde ser vista tocando violino na banda de *country & western* que Bernie toca no final do filme. John Hughes (músico irlandês homônimo do diretor de *Curtindo a vida adoidado*, *Mulher nota 1000*, *Gatinhas e gatões*, *Clube dos cinco*) foi coordenador musical do *The commitments* e depois acabou virando empresário dos Corrs na vida real. Graças ao sucesso do livro, do filme e da trilha nos anos 1990, o grupo – com alguns dos atores originais do filme, como o baterista Dick Massey – continua se apresentando ao vivo com o nome The Stars From The Commitments. Glen Hansard, que interpretou o guitarrista Outspan Foster no filme, recentemente brilhou em outra produção irlandesa: *Apenas uma vez*/2007. Glen acabou ganhando o Oscar de melhor cantor/compositor pela trilha do longa independente, mas isso é papo para outro capítulo.

Mack Rice

01. Mustang Sally - The Commitments
02. Take Me To The River - The Commitments
03. Chain Of Fools - The Commitments
04. The Dark End Of The Street - The Commitments
05. Destination Anywhere - Niamh Kavanagh
06. I Can't Stand The Rain - The Commitments
07. Try A Little Tenderness - The Commitments
08. Treat Her Right - The Commitments
09. Do Right Woman, Do Right Man - Niamh Kavanagh
10. Mr. Pitiful - The Commitments
11. I Never Loved A Man - The Commitments
12. In The Midnight Hour - The Commitments
13. Bye Bye Baby - The Commitments
14. Slip Away - The Commitments

The Doors
1991 (The Doors)

🎥 O FILME

Em 1991, finalmente chegava às telas o filme que contava a história da banda americana que marcou toda uma geração entre as décadas de 1960 e 1970. Grande parte da trama se baseia nas viagens pessoais de Morrisson: o alcoolismo, as drogas, suas alucinadas aventuras espirituais e a obssessão pela morte. Meg Ryan faz Pamela Courson, grande amor da vida do conturbado cantor e poeta. Representando a banda estão Kyle MacLachlan como Ray Manzarek, Frank Whaley como Robby Krieger e Kevin Dillon como John Densmore.

Val Kilmer

Em 1991 finalmente chegava às telas o filme que contava a história da banda americana que marcou toda uma geração entre as décadas de 60 e 70

The Doors

Durante os quatro anos que antecederam às filmagens, John Travolta esteve cotado para interpretar Jim Morrison no longa do diretor Oliver Stone. Mas o papel foi mesmo parar nas mãos de um fã do cantor, Val Kilmer. Aliás, para convencer Oliver Stone de que era o cara certo para o papel, Kilmer fez uma fita demo cantando músicas dos The Doors. "Gravei três canções, mas disse a Oliver que Jim Morrisson cantava em duas e eu em uma. Acontece que em todas a voz era minha. Depois de um tempo com ele tentando adivinhar, contei a verdade e fiquei com o papel", conta o ator. O timbre ficou tão parecido que nem os próprios ex-companheiros de Morrisson conseguiam dizer quem era quem.

Os atores que representaram os integrantes da banda fizeram laboratório com os membros originais do grupo. "Tive aulas com um professor chamado Randall, mas eu segurava a guitarra enquanto ele bebia. Foi aí que conheci Robby (Krieger, o guitarrista), ele me mostrou uns acordes e ensinou como empunhar o instrumento. Robby queria mesmo que a coisa parecesse real, ficamos amigos depois", conta o ator Frank Whaley.

Kathleen Quinlan interpreta Patricia Kennealy, que no filme é retrada como a mulher responsável pelo misticismo de Jim, quase uma bruxa sadomasoquista. A própria Patricia Kennealy, que foi uma espécie de consultora do filme, faz uma participação como Wicca Priestess.

A TRILHA

A *soundtrack* é uma verdadeira compilação no melhor estilo "The best of The Doors". Estão lá "Riders on the Storm", "The End", "Break on Through (To the Other Side)" e, claro, "Light My Fire". Apesar de ter cantado de verdade em várias cenas, nenhuma faixa da trilha é interpretada por Val Kilmer. Já no filme, o que acontece é uma mescla das duas vozes, a do cantor com a do ator: nos *closes* a voz é de Val, nas tomadas mais abertas, de Jim. Também aparecem na trilha as músicas "Heroin", de Lou Reed, interpretada por The Velvet Underground & Nico e ainda "Carmina Burana: Introduction", textos poéticos do século XIII musicados pelo compositor alemão Carl Orff. A versão do disco foi gravada pela The Atlanta Symphony Orchestra And Chorus.

Jim Morrison

TRACKLIST

01. The Movie - The Doors
02. Riders on the Storm - The Doors
03. Love Street - The Doors
04. Break on Through (To the Other Side) - The Doors
05. The End - The Doors
06. Light My Fire - The Doors
07. Ghost Song (edit) - The Doors
08. Roadhouse Blues (Live) - The Doors
09. Heroin (Lou Reed) - The Velvet Underground & Nico
10. Carmina Burana: Introduction (Carl Orff) - Orquestra Atlanta e coral
11. Stoned Immaculate - The Doors
12. When the Music's Over - The Doors
13. The Severed Garden (Adagio) - The Doors
14. "L.A. Woman" - The Doors

Roobin Hood – O Príncipe dos Ladrões

1991 (Robin Hood: Prince of Thieves)

 O FILME

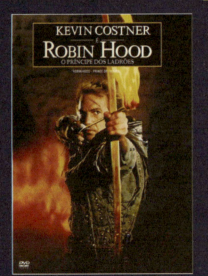

As aventuras de Robin Hood começaram a ficar famosas nas baladas medievais, passaram pelos poetas, pelo teatro e chegaram ao cinema em 1922, com Douglas Fairbanks no papel principal. Em 1938, Errol Flynn encarnou com maestria o filho do Barão de Locksley e finalmente, em 1991, coube a Kevin Costner interpretar o príncipe dos ladrões. No longa dirigido por um outro Kevin, o Reynolds, Robin descobre que seu pai fora assassinado pelos seguidores do Xerife de Nottingham (Alan Rickman), pau-mandado do Príncipe João (Nick Brimble), inimigo do Rei Ricardo Coração de Leão (Sean Connery).

Robin, sempre acompanhado por Azeem (Morgan Freeman), um mouro que lhe deve a vida, foge para a Floresta de Sherwood, onde são atacados por camponeses. Mas logo Hood e Azeem se unem ao bando para devolver o poder a Ricardo. Entra em cena Marian (Mary Elizabeth Mastrantonio), uma bela donzela que acaba se apaixonando pelo charmoso fora da lei.

Coube a **Kevin Costner** *interpretar a versão anos 80 do* **príncipe dos ladrões**

Roobin Hood – O Príncipe dos Ladrões

🎵 A TRILHA

Na *soundtrack* do longa, brilhou a estrela *pop* do canadense Bryan Adams com a balada "(Everything I Do) I Do It For You", que levou o Grammy em 1992 e foi indicada ao Oscar e também ao Globo de Ouro na categoria melhor canção original. Michael Kamen, compositor do *score*, é um dos autores da canção. Bryan entrou no meio do processo: "Recebi do meu amigo David Kershenbaum uma fita com uns 20 minutos de músicas compostas por Michael Kamen para o filme. Lembro de um pequeno pedaço que gostei muito. Aí fui para outra sala, li o *script* e disse ao Mutt (Mutt Lange, produtor) que uma certa frase daria um titulo interessante: 'I Do It For You.' (eu faço por você). Uma hora depois nós terminamos a canção inteira, incluindo a melodia". Adams lembra que, de cara, o pessoal em Hollywood não aprovou a música-tema: "Foi difícil convencer Kamen e o pessoal do estúdio que a gravação não necessitava de arranjos orquestrados para combinar com o resto da trilha. Mas eu insisti que era uma canção *pop* e deveria ser gravada com tal".

O faro de criador de sucessos de Bryan Adams não poderia ter sido mais apurado: além dos prêmios e indicações, "(Everything I Do) I Do It For You" ficou sete semanas no topo das 100 músicas mais tocadas nos EUA e 16 semanas em primeiro lugar nas paradas inglesas, além de ter encabeçado as listas musicais de 16 países. Adams incluiu a canção-título de Robin Hood em seu álbum que acabou se tornando o mais bem-sucedido até então, *Waking Up The Neighbours*, de 1991. Fechando o disco com trilha sonora do filme, "Wild times", de Jeff Lynne, um dos integrantes do grupo Traveling Wilburys, formado por ninguém menos que: George Harrison, Roy Orbison, Bob Dylan e Tom Petty.

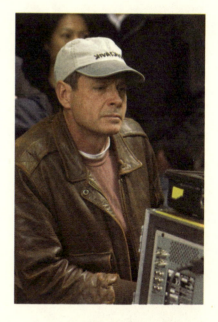

Longa dirigido por um outro Kevin, o Reynolds

Bryan Adams

TRACKLIST

01. Overture and a Prisoner of the Crusades
02. Sir Uy of Gisborne and the Escape to Sherwood
03. Little John and the Band in the Forest
04. Sheriff and His Witch
05. Training Robin Hood Prince of Theives
06. Maid Marian
07. Marian at the Waterfall
08. Abduction and the Final Battle at the Gallows
09. (Everything I Do) I Do It for You - Bryan Adams
10. Wild Times - Jeff Lynne

O guarda-costas
1992 (The Bodyguard)

 O FILME

Kevin Costner agora encarna Frank Farmer, um ex-agente do serviço secreto dos EUA que volta à ativa para proteger uma cantora de sucesso da cena *pop* norte-americana, no caso Rachel Marron, interpretada por Whitney Houston no auge da carreira. Os dois, claro, acabam se apaixonando, mas o profissionalismo do guarda-costas trava o romance entre patroa e empregado; Frank achava que um romance deixaria Rachel vulnerável. O filme era para ter sido rodado na década de 1970, estrelado por Diana Ross e Steve McQueen. O longa de estreia de Whitney na telona arrecadou mais de 500 milhões de dólares no mundo todo e recebeu indicações ao Oscar, Grammy e, ao mesmo tempo, é considerado pela crítica uma verdadeira bomba digna de troféu framboesa.

O guarda-costas

O *single* foi lançado em novembro e virou o décimo número 1 de Whitney nos Estados Unidos

🎵 **A TRILHA**

É simplesmente a trilha sonora mais vendida da história do cinema. A versão de "I Will Always Love You", clássico de 1974 da cantora *country* Dolly Parton, foi o grande *hit* de 1992. Com Houston nos vocais "I Will Always Love You" foi indicada ao Grammy, levou o Oscar e foi considerada a melhor canção de do ano. Curiosidade: dez anos antes de *O guarda-costas*, em 1982, Dolly cedeu a música para o filme *The Best Little Whorehouse In Texas*.

O *single* foi lançado em novembro e virou o décimo número 1 de Whitney nos Estados Unidos, ficando 14 semanas consecutivas no topo das paradas. Foi o terceiro *single* mais vendido da história (10 milhões de cópias), só atrás de "We Are the World" e "Candle in the Wind". Ao todo, Houston gravou seis novas canções para a trilha do filme. Além de "I Will Always Love You", a cantora registrou: "I Have Nothing", também indicada ao Oscar; "I'm Every Woman", regravação de Chaka Khan; "Run to You" e "Queen of the Night", estas escritas pela própria cantora.

O álbum com a *soundtrack* permaneceu inacreditáveis 20 semanas em primeiro lugar e vendeu mais de 42 milhões de cópias no todo mundo, quase 18 milhões só nos Estados Unidos. É considerado o disco mais vendido por uma cantora solo, e o mais vendido dos anos 1990. Em março de 2005, treze anos depois de ser lançado, o álbum voltou às paradas de sucesso na Espanha. Graças ao filme que, em 1994, a turnê mundial The Bodyguard aterrissou em terras brasileiras e Whitney fez sua primeira apresentação no Brasil, no saudoso Hollywood *Rock*. Foram dois *shows*, um no Rio e outro em São Paulo. Ainda no embalo do longa, Houston cantou na cerimônia de encerramento da Copa do Mundo de 1994.

Whitney Houston

TRACKLIST 🔊

01. I Will Always Love You - Whitney Houston
02. I Have Nothing - Whitney Houston
03. I'm Every Woman - Whitney Houston
04. Run to You - Whitney Houston
05. Queen of the Night - Whitney Houston
06. Jesus Loves Me - Whitney Houston
07. Even If My Heart Would Break - Kenny G
08. Someday (I'm Come Back) - Lisa Stansfield
09. It's Gonna Be a Lovely Day - The S.O.U.L.S.Y.S.T.E.M
10. What's So Funny 'Bout Peace, Love and Undrestanding - Curtis Stigers
11. Waiting for You - Kenny G
12. Trust in Me - Joe Cocker
13. Theme from The Bodyguard - Alan Silvestri

Tina

1993 (What's Love Got to Do with It)

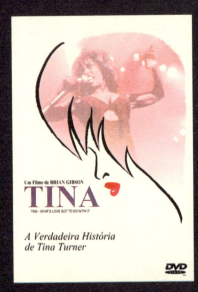

🎥 O FILME

A história de como Ana Mae Bullock (Angela Basset) foi abandonada pela mãe, criada pela avó, conheceu Ike (Lawrence Fishburne), roubou a cena numa "canja" durante um *show* de um cantor de R&B e virou Tina Turner.

Halle Barry e Whitney Houston chegaram a ser consideradas para o papel da cantora, mas quem ficou com a vaga e acabou sendo indicada ao Oscar de melhor atriz em 1994 pela intensa performance foi a competente e sarada Angela Bassett. Porém ela teve mais sorte no Globo de Ouro, vencendo na categoria melhor atriz de musical ou comédia. Lawrence Fishburne também concorreu à estatueta pela interpretação convincente de Ike Turner. Aliás, Fishburne disse não cinco vezes, só topou quando soube que Angela viveria Tina na telona. O roteiro de Tina foi baseado no livro *Eu, Tina*, autobiografia da cantora escrita em parceria com Kurt Loder. A direção do longa é de Brian Gibson.

> **Oscar de melhor atriz** em 1994 pela intensa **performance** foi para a competente e sarada **Angela Bassett**

Tina

A TRILHA

O disco com a trilha sonora, lançado em 8 de agosto de 1993 pela EMI, acabou sendo o oitavo trabalho de estúdio da carreira solo de Tina. Apesar de trazer *hits* dos tempos da dupla com Ike e sucessos antigos como "What's Love Got To Do With It" e "I Might Have Been Queen", do álbum *Private Dancer*, a *soundtrack* fez a cantora voltar à lista das 10 mais tocadas da Billboard com o *single* "I Don't Wanna Fight", que pode ser ouvido nos créditos finais do longa e concorreu ao Grammy de 1994 como melhor trilha sonora original. Já o disco alcançou o oitavo lugar na Billboard e vendeu cerca de 8 milhões de cópias no mundo todo.

"What's Love Got To Do With It" foi o segundo *single* lançado por Tina Turner em seu voo solo. A canção que dá nome (em inglês) ao filme é considerada até hoje o maior sucesso da carreira da cantora. Foi com ela que Tina alcançou pela primeira vez o primeiro lugar nas paradas e, assim, foi conduzida ao *mainstream* do *pop*.

Quem acha que Laurence Fishburne está dublando nas cenas musicais, se enganou. O ator atacou de cantor e emprestou a própria voz ao personagem. Ângela Basset também se esmerou na preparação: "Fiz fono, tive aulas de canto, dança e ainda um *personal trainer*. Levantava peso duas horas por dia, seis dias por semana e fiz uma dieta à base de proteínas; cortei açúcar e ovos para ficar com o físico parecido com o da Tina. Mais uns dois meses e eu poderia ter entrado num campeonato de fisiculturismo".

Laurence Fishburne e Angela Basset

Tina Turner

TRACKLIST

01. I Don't Wanna Fight - Tina Tuner
02. Rock Me Baby - Tina Tuner
03. Disco Inferno - Tina Tuner
04. Why Must We Wait Until Tonight - Tina Tuner
05. Nutbush City Limits - Tina Tuner
06. (Darlin') You Know I Love You - Tina Tuner
07. Proud Mary - Tina Tuner
08. A Fool In Love - Tina Tuner
09. It's Gonna Work Out Fine - Tina Tuner
10. Stay Awhile - Tina Tuner
11. I Might Have Been Queen (Soul Survivor) - Tina Tuner
12. What's Love Got To Do With It - Tina Tuner

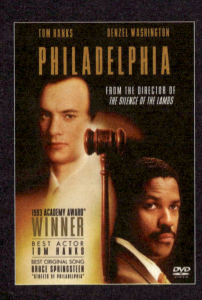

Filadélfia
1993 (Philadelphia)

🎥 O FILME

Narra a história de Andrew Beckett (Tom Hanks), um advogado que trabalha para um badalado escritório na Filadélfia, e que esconde ser homossexual, por saber que o ambiente onde transita é bastante preconceituoso. Tudo ia bem até o momento em que ele começa a manifestar sintomas da AIDS. Quando isso acontece, Beckett é demitido de forma estratégica: sabotam a causa de um dos principais clientes da empresa, que estava sob o seu controle, para que ele pareça incompetente. Essa era a única forma de demiti-lo sem levantar suspeitas. Indignado, o advogado contrata Joe Miller (Denzel Washington), um advogado negro, de um escritório minúsculo que tratava de pequenas causas e que também tinha aversão a homossexuais.

No decorrer da história Andrew e Miller entendem os pontos de vista de cada um e, de uma relação entre cliente e advogado surge uma amizade e uma motivação do defensor por desejar que se faça justiça. Nesse período Andrew adoece e vai definhando aos poucos.

O filme apresenta com muita sensibilidade o terrível efeito social da AIDS, sua dor e suas origens, a questão do preconceito contra homossexuais ou portadores do vírus HIV e a relação mútua e confusa do preconceito frente a estas duas questões na sociedade americana da época.

Denzel Washington

Tom Hanks

Filadélfia

o diretor Jonathan Demme encomendou a Bruce Springsteen uma canção para o filme ainda em fase de prudução

Bruce Springsteen

🎵 **A TRILHA**

Bem no início de 1993, o diretor Jonathan Demme encomendou a Bruce Springsteen uma canção para um filme ainda em fase de produção. Em junho, depois da turnê do álbum *Other Band*, Springsteen atendeu ao pedido. O cantor gravou quase todos os instrumentos e contou com a ajuda do baixista Tommy Simms. Ornette Coleman e "Little" Jimmy Scott, colocaram sax e voz respectivamente, o que acabou não ficando na versão final. "Streets of Philadelphia" bombou nos Estados Unidos e na Europa, além de chegar ao topo das paradas da Billboard. Foi o maior sucesso de Springsteen na Inglaterra.

Em 1999, a música foi incluída no álbum *All Time Greatest Movie Songs*, lançado pela Sony. Até hoje música e filme se confundem. Tom Hanks e Bruce Springsteen, amigos na vida real, ganharam o Oscar em suas respectivas categorias, a de melhor ator e a de melhor canção original. A trilha ainda conta com um *cover* de "Have You Ever Seen the Rain?", clássico do Creedence Clearwater Revival regravado pelo grupo Spin Doctors; Neil Young cantando "Philadelphia", Peter Gabriel com "Lovetown" e até Maria Callas, com "Mamma Morta", da ópera Andrea Chenier. Tanto o filme quanto a música "Streets of Philadelphia" se tornaram um símbolo de combate ao preconceito contra as pessoas contaminadas pelo vírus da AIDS.

TRACKLIST

01. Streets of Philadelphia - Bruce Springsteen
02. Lovetown - Peter Gabriel
03. It's in Your Eyes - Pauletta Washington
04. Ibo Lele (Dreams Come True) - RAM, RAM
05. Please Send Me Someone to Love - Sade
06. Have You Ever Seen the Rain? - Spin Doctors
07. I Don't Wanna Talk About It - Indigo Girls
08. Mamma Morta [From the Opera Andrea Chenier] - Maria Callas
09. Philadelphia - Neil Young
10. Precedent - Howard Shore

Forrest Gump – O contador de histórias

1994 (Forrest Gump)

 O FILME

Robert Zemeckis, mesmo diretor de *De Volta Para o Futuro*, está de volta num filme tão fantasioso quanto. Aliás, a cidade cenográfica foi a mesma usada no filme de 1985. "Meu nome é Forrest Gump. Por favor me chame de Forrest" é o proferido criado por Tom Hanks na pele do irresistível contador de histórias. Graças ao filme, o ator levou o Oscar pelo segundo ano consecutivo. Ao todo, o longa teve treze indicações e levou seis estatuetas. A inspiração para o roteiro foi o livro homônimo de 1986, do escritor Winston Groom. Lá estão passagens que não aparecem na versão cinematográfica, como as aventuras de Gump como astronauta.

Forrest é um jovem problemático de QI inferior (de apenas 75) que, por obra do destino, acaba participando dos fatos mais importantes da história dos Estados Unidos num período de 40 anos: serve na Guerra do Vietnã, encontra o presidente Richard Nixon, vira astro de futebol americano e ensina Elvis a sacudir a pelvis. Em 2007, o American Film Institute colocou Forrest Gump na posição de número 76 na lista dos maiores filmes de todos os tempos. "É um épico de proporções humanas", resume o sempre bem-humorado Tom Hanks.

Forrest Gump – O contador de histórias

🎵 **A TRILHA**

Lynyrd Skynyrd

A trilha sonora, que chegou às lojas em 6 de julho de 1994 e vendeu 12 milhões de cópias, é um desfile de clássicos do *pop rock* dos anos 1950, 1960, 1970 e começo dos 1980: Elvis Presley, Clarence "Frogman" Henry, Joan Baez, Aretha Franklin, Randy Newman, Creedence Clearwater Revival, Simon & Garfunkel, The Doors, Bob Seger & the Silver Bullet Band, Doobie Brothers, B.J. Thomas, Bob Dylan, The Mamas & the Papas, Wilson Pickett, Willie Nelson e por aí vai. São ao todo 32 canções distribuídas num caprichado CD duplo. "A intenção foi fazer uma linha do tempo através da música sem interferir na história que estava sendo contada", explica o produtor musical Joel Sill. "Todas as canções da trilha são americanas. Foi uma exigência do Bob (Zemeckis)", completa.

Também em 1994, mais precisamente em agosto, foi lançado o álbum *Forrest Gump – Original Motion Picture Score* com as músicas especialmente compostas por Alan Silvestri para o filme. Já em agosto de 2001, a Epic lançou um "Special Collector's Edition", que inclui mais duas músicas que foram tocadas na cena em que Forrest corre pelos EUA. A trilha original de Silvestre foi premiada com o Globo de Ouro e indicada ao Oscar.

34 clássicos da música americana no caprichado disco da trilha

TRACKLIST

DISCO 1
01. Hound Dog - Elvis Presley
02. Rebel Rouser - Duane Eddy
03. (I Don't Know Why) But I Do - Clarence Frogman Henry
04. Walk Right In - The Rooftop Singers
05. Land of 1000 Dances - Wilson Pickett
06. Blowin' in the Wind - Joan Baez
07. Fortunate Son - Creedence Clearwater Revival
08. I Can't Help Myself (Sugar Pie Honey Bunch) - The Four Tops
09. Respect - Aretha Franklin
10. Rainy Day Women #12 & 35 - Bob Dylan
11. Sloop John B - Beach Boys
12. California Dreamin' - The Mamas & the Papas
13. For What It's Worth - Buffalo Springfield
14. What the World Needs Now Is Love - Jackie DeShannon
15. Break on Through (To the Other Side) - The Doors
16. Mrs. Robinson - Simon & Garfunkel

DISCO DOIS
01. Volunteers - Jefferson Airplane
02. Let's Get Together - The Youngbloods
03. San Francisco (Be Sure to Wear Flowers in Your Hair) - Scott McKenzie
04. Turn! Turn! Turn! - The Byrds
05. Aquarius / Let the Sunshine In - Fifth Dimension
06. Everybody's Talkin' - Harry Nilsson
07. Joy to the World - Three Dog Night
08. Stoned Love interpretada por The Supremes
09. Raindrops Keep Fallin' On My Head - B.J. Thomas
10. Mr. President - Randy Newman
11. Sweet Home Alabama - Lynyrd Skynyrd
12. It Keeps You Runnin' - The Doobie Brothers
13. I've Got to Use My Imagination - Gladys Knight & the Pips
14. On the Road Again - Willie Nelson
15. Against the Wind - Bob Seger & the Silver Bullet Band
16. Forrest Gump Suite - Alan Silvestri

Pulp Fiction – tempo de violência

1994 (Pulp Fiction)

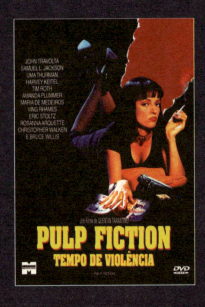

 O FILME

O cultuado *Pulp Fiction* cravou o nome de Quentin Tarantino como um dos grandes diretores de Hollywood e trouxe um quase esquecido John Travolta de volta aos bons papéis. O longa policialesco foi baseado num roteiro escrito pelo próprio Tarantino em parceria com Roger Avary. Três histórias são apresentadas de forma não linear. Em uma delas estão Vincent Veja (Travolta), Jules Winnfield (Samuel Jackson), e dois capangas mafiosos que servem de cobradores ao chefe Marsellus Wallace (Ving Rhames). Em outra história, Vincent é encarregado de escoltar Mia Wallace (Uma Thurman), mulher do chefe, enquanto ele viaja. Por último, é mostrada a história de Butch Coolidge (Bruce Willis), um boxeador pago por Marsellus para perder uma luta que, sem cumprir sua parte no acordo, precisa fugir do mafioso. Tudo isso carregado de sangue, violência e muitas músicas bacanas, bem ao estilo Tarantino de fazer cinema.

Pulp Fiction – tempo de violência

♪ A TRILHA

De cara, logo na primeira cena do filme, ouvimos "Misirlou", clássico grego de 1927 que ficou famosa nos anos 1960 na versão *surf rock* gravada por Dick Dale, também conhecida como "aquela música do Pulp Fiction". Logo depois a dupla de malandros Vincent Vega e Jules Winnfield aparece no carro conversando sobre o nada ao som de "Jungle Boogie", *hit* do grupo Kool & The Gang. Essa canção do disco *Wild and Peaceful* chegou ao topo das paradas americanas em 1974.

O pugilista Butch Coolidge, interpretado por Bruce Willis, entra em cena recebendo o dinheiro para entregar a luta nas mãos do mafioso Marcellus Wallace (Ving Rhames) som de "Let's Stay Together", clássico dos anos 1970 do cantor de soul Albert Greene, mais conhecido como Al Green. O LP homônimo chegou à oitava posição na parada *pop* da *Billboard* e fisgou primeiro lugar na parada *black music*. A música-título ficou no topo das duas listas. Tina Turner regravou o sucesso de Green em 1982 e, graças à balada, chegou ao topo das paradas no ano seguinte. Em 1984, a música foi parar no disco *Private Dancer*. Na cena do concurso de *twist* no bar Jack Rabbit Slim's, Vincent Vega e Mia Wallace dançam ao som de "You Never Can Tell", sucesso composto por Chuck Berry em 1964 na prisão enquanto "puxava cana" por um crime sexual. A música entrou nas paradas norte-americana e inglesa. E, para não perder o hábito, Travolta participa de mais uma coreografia que entra para a história do cinema.

Dick Dale

"Misirlou", clássico grego, ficou **famosa nos anos 60** na versão *surf rock* gravada por **Dick Dale**

147

Almanaque da Música Pop no Cinema

TARANTINO

Tarantino sabe tudo de cultura *pop*, e isso vai muito além de ser um dos diretores de cinema mais badalados da atualidade. O cara domina como poucos a arte de sonorizar um filme sem músicas orquestradas, apenas costurando canções antigas com *hits* do momento. Prova disso é a mescla temperada de *Pulp Fiction*, com "Girl, You'll Be a Woman Soon" de 1994 do Urge Overkill e "Let's stay together", sucesso de 1972 do cantor de R&B Al Green. Outra marca de Tarantino é intercalar as faixas do disco com diálogos dos longas. Em *cães de aluguel*/1992, por exemplo, é possível ouvir os atores conversando sobre Madonna. Em *Kill Bill: Vol. 1*/2003, Quentin não foge à regra e apresenta uma trilha no mínimo eclética, composta por diversos gêneros musicais, tem de tudo: um pouco de *country*, toques de *spaghetti westerns*, Nancy Sinatra, Quincy Jones e até Ennio Morricone. Já em *Kill Bill: Vol. 2*/2004, muito Ennio Morricone, Johnny Cash e, de novo, o country de Charles Feathers. A *soundtrack* recebeu uma indicação ao Grammy na categoria de melhor trilha sonora. A ligação do diretor com as trilhas é tão grande que, em 2009, foi lançado o disco duplo *The Tarantino Experience*, recheado de canções de vários filmes assinados pelo cineasta. São 24 faixas incluindo Johnny Cash, Urge Overkill, Nancy Sinatra, The Ladybug Transistor, Joe Cocker, Chris Farlow, Screamin' Jay Hawkins e muitos outros. *Bastardos Ingórios*/2009, traz mais uma vez Ennio Morricone, David Bowie e Billy Preston, pianista americano que tocou com Beatles e Eric Clapton. A mistureba *pop* continua...

Tarantino sabe tudo de **cultura *pop*,** e isso vai muito além de ser um dos **diretores de cinema** mais badalados da **atualidade**

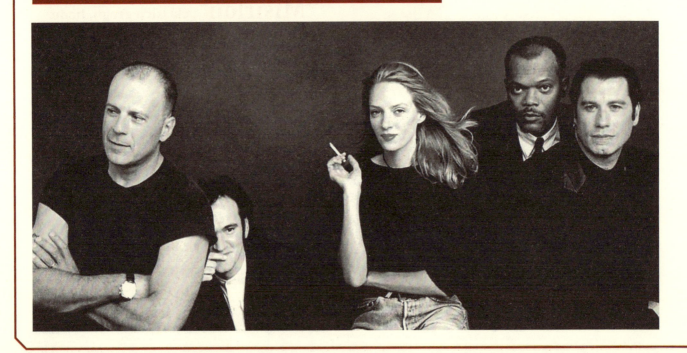

Pulp Fiction - tempo de violência

Outra música muito ligada ao filme é a versão de "Girl, You'll Be a Woman Soon" assinada pelo grupo Urge Overkill, que tocou até cansar nas rádios em meados dos anos 1990. A original de 1967 é de Neil Diamond, compositor de "I'm a Believer" e outros sucessos dos anos 1960, 1970 e 1980. Tarantino descobriu um EP da banda numa loja de discos na Alemanha e gostou tanto que colocou a música de fundo na cena em que Mia cheira tanto enquanto dança que acaba tendo uma overdose. A badalada *soundtrack* ainda conta com "Son of a Preacher Man", da cantora de *pop soul* inglesa Dusty Springfield, ex-The Lana Sisters e The Springfields. O disco *Dusty in Memphis*, dos anos 1960, é considerado hoje o melhor álbum de *pop soul* de todos os tempos.

Urge Overkill

TRACKLIST

01. Pumpkin and Honey Bunny (Dialogue)/Misirlou
02. Royale With Cheese - Samuel L. Jackson, John Travolta
03. Jungle Boogie - Kool & the Gang
04. Let's Stay Together - Al Green
05. Bustin' Surfboards - The Tornadoes
06. Lonesome Town - Rick Nelson
07. Son of a Preacher Man - Dusty Springfield
08. Zed's Dead, Baby [Dialogue] - Centurian, Maria De Medeiros, Bruce Willis
09. Jack Rabbit Slims Twist Contest (Dialogue)/You Never Can Tell - Chuck Berry, Jerome Patrick Hoban
10. Girl, You'll Be a Woman Soon - Urge Overkill
11. If Love Is a Red Dress (Hang Me in Rags) - Maria McKee
12. Bring Out the Gimp (Dialogue)/Comanche - Peter Green, Duane Whitaker
13. Flowers on the Wall - The Statler Brothers
14. Personality Goes a Long Way [Dialogue] - Samuel L. Jackson, John Travolta
15. Surf Rider - The Lively Ones
16. Ezekiel 25:17 [Dialogue] - Samuel L. Jackson

Os cinco rapazes de Liverpool
1994 (Backbeat)

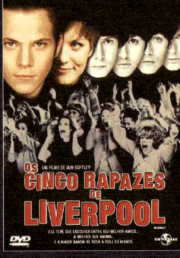

O FILME

Um filme sobre The Beatles sem uma única canção de Lennon/McCartney? Calma, tudo se explica: o longa conta as aventuras dos *fab four* antes da fama, quando ainda tocavam nos inferninhos de Liverpool (Inglaterra) e Hamburgo (Alemanha). É bom que se diga que os primeiros discos do quarteto eram recheados de clássicos do *rock 'n' roll*, como "Long Tall Sally" e "*Rock* & Roll Music". O roteiro foi inspirado no livro *The Real Life Story Behind Backbeat*, de Alan Clayson e Pauline Sutcliffe, que narra a efêmera passagem de Stuart Sutcliffe pelos Beatles na era pré-Ringo Starr, quando a banda ainda era um quinteto com Pete Best na bateria.

Os cinco rapazes de Liverpool

O foco do filme é a amizade entre Stuart Stucliffe (Stephen Dorff) e John Lennon (Ian Hart). Os dois eram tão próximos que, mesmo sem saber tocar um instrumento, Stu tinha vaga certa no grupo por influência de John. O curioso é que o único ator-músico do filme que sabia tocar de fato era justamente Stephen Dorff, que na película se esforça para acertar as notas do baixo, já que na época Paul McCartney ainda empunhava seu instrumento de origem, a guitarra. Paul McCartney, aliás, não assinou embaixo da fidelidade do longa: "um dos meus senões é que pintaram John como o único roqueiro da banda. Colocaram ele cantando 'Long tall Sally', o que nunca aconteceu na realidade".

Dave Grohl

🎵 A TRILHA

A produção musical do longa ficou a cargo de Don Was. E a banda, dublada pelos atores no filme, era formada por um *dream team* de roqueiros dos anos 1990: Dave Pirner (Soul Asylum/voz), Greg Dulli (The Afghan Whigs/voz), Thurston Moore (Sonic Youth/guitarra), Don Fleming (Gumball/guitar), Mike Mills (R.E.M./baixo) e ninguém menos que Dave Grohl (Nirvana/bateria). Com a morte de Kurt Cobain em abril de 1994, Grohl andava livre para tocar novos projetos (só em 1995, ano seguinte à participação no filme, montou o Foo Fighters). O clima de *do it yourself* imperou, já que a sonoridade dos Beatles era mais suja antes da fama.

A temporada de *shows* nos inferninhos da Alemanha foi barra pesada, coisa para ninguém botar defeito, *roots* total. *Covers* da fase de Hamburgo, que fazem parte da trilha, acabaram entrando nos primeiros álbuns da banda, como "Twist and Shout" no disco de estreia "Please, please me" e "Long Tall Sally", usadas no lado B do *single* de "I Feel Fine". Um CD com apenas três faixas chegou a ser lançado, incluindo duas músicas que ficaram de fora do álbum: "He's Wearing My Bathrobe" e "Dizzy Miss Lizzie".

A produção musical do longa ficou a cargo de Don Was

TRACKLIST

1. Money (That's What I Want)
2. Long Tall Sally - Dave Pirner
3. Bad Boy
4. Twist and Shout
5. Please Mr. Postman
6. C'mon Everybody - Dave Pirner
7. *Rock* & Roll Music
8. Slow Down
9. Roadrunner - Mike Mills
10. Carol
11. Good Golly Miss Molly - Greg Dulli
12. 20 Flight *Rock* - Dave Pirner

Entrevista com o Vampiro

1994 (Interview with the Vampire: The Vampire Chronicles)

🎥 O FILME

No século XX, Louis (Brad Pitt) resolve conceder uma entrevista ao jornalista Daniel Malloy (Christian Slater) em que basicamente se lamenta sobre os seus 200 anos como vampiro e de suas desventuras desde que encontrou o seu malvado tutor nas artes vampirescas, Lestat (Tom Cruise). Terminada a entrevista, um assustado e excitado Malloy resolve ouvir a gravação da conversa enquanto dirige seu conversível, sem saber que uma desagradável surpresa o esperava. É a deixa para o "sobe som" de um clássico de The Rolling Stones inspirado em ritmos brasileiros.

Foi o primeiro filme badalado da então atriz infantil Kirsten Dunst (na época com apenas 12 anos), que chegou a ser indicada ao Globo de Ouro pela convincente atuação. Nesse longa, baseado no livro homônimo da escritora Anne Rice, Kirsten é Claudia, iniciada no mundo das trevas por Louis) e transformada em vampira de fato por Lestat.

🎵 A TRILHA

Reza a lenda que "Sympathy for the Devil", composta por Mick Jagger, foi inspirada em *O Mestre e Margarida*, livro do escritor soviético Mikhail Bulgakov que o Stone ganhou de presente da então namorada Marianne Faithfull. Segundo algumas outras fontes, "Sympathy" foi concebida depois de uma visita de Jagger a um centro de candomblé na Bahia. Mas foi Keith Richards quem sugeriu o ritmo, uma tentativa de samba. A canção, do álbum *Beggar's Banquet* de 1968, foi responsável por várias acusações de satanismo feitas contra a banda. "É sobre o lado sombrio de cada um de nós, não tem nada se satanismo", explicava Mick. Apesar da polêmica, o *hit* serviu como título para o documentário do cineasta francês Jean-Luc Godard, também de 1968, que mostrava a banda em estúdio gravando a música. "Tudo começou com uma canção *folk* que terminava com um samba alucinado, comigo tocando baixo na gravação e colocando a guitarra depois.

Entrevista com o Vampiro

"Sympathy for the Devil", composta por **Mick Jagger,** foi inspirada em **"O Mestre e Margarida",** livro do escritor soviético **Mikhail Bulgakov**

Mick Jagger

Mas o resultado final foi bem diferente, por isso não gosto de entrar em estúdio com tudo planejadinho", resmunga Keith Richards sobre a canção que por pouco não se chamou "The Devil Is My Name". Jagger completa: "É um *groove* hipnótico, um samba poderoso, bem dançante. Não atrasa nem acelera, é um ritmo constante, primitivo". Bastidores à parte, a versão ouvida quando sobem os créditos do filme foi interpretada pelo Guns N' Roses em 1994 – esta que foi a última gravação do guitarrista Gilby Clarke na banda. Slash se refere à música como "the sound of a band breaking up" [o som de uma banda se separando]. A regravação, só lançada na *soundtrack* do filme e no disco *Greatest Hits* de 2004, alcançou a posição de número 55 na lista da Billboard e ficou entre as 10 mais tocadas na Inglaterra. A música incidental, que toma conta de quase todo o disco da trilha, é assinado pelo compositor Elliot Goldenthal.

TRACKLIST

01. Libera Me - The American Boychoir
02. Born to Darkness, Pt. 1
03. Lestat's Tarantella
04. Madeleine's Lament
05. Claudia's Allegro Agitato
06. Escape to Paris
07. Marche Funèbre
08. Lestat's Recitative
09. Santiago's Waltz
10. Théâtre des Vampires
11. Armand's Seduction - Guns N' Roses
12. Plantation Pyre
13. Forgotten Lore
13. Scent of Death
14. Abduction & Absolution
15. Armand Rescues Louis
16. Louis' Revenge
17. Born to Darkness, Pt. 2
18. Sympathy for the Devil - Guns N' Roses

Guns N' Roses

Don Juan de Marco
1995 (Don Juan de Marco)

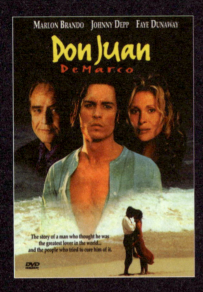

 O FILME

Johnny Depp estava decidido: só participaria do longa de Francis Ford Coppola se Marlon Brando fosse escalado para interpretar o psiquiatra Jack Mickler. Dito e feito. Johnny Deep é Don Juan De Marco, em mais uma obra que retrata o lendário libertino espanhol do século XVII. Tudo começa quando um rapaz usando uma máscara negra, que afirma ser Don Juan, ameaça se jogar de um prédio. A depressão profunda é culpa de uma desilusão amorosa sofrida pelo mulherengo. Jack Mickller, um psiquiatra às vésperas da aposentadoria, é chamado para cuidar do caso. Acaba que as aventuras de "El burlador de Sevilla" servem como uma espécie de "Viagra emocional" para o médico, que se sente revigorado graças ao curioso relacionamento estabelecido com o pitoresco paciente.

Don Juan De Marco é mais uma obra que retrata o lendário libertino espanhol do século XVII.

Don Juan de Marco

🎵 **A TRILHA**

Para a *soundtrack* das conquistas do maior amante do mundo foi acionada mesma parceria da música-tema de *Robin Hood - O príncipe dos ladrões*: Bryan Adams, Michael Kamen e Robert Lange.

O tema de Don Juan ficou cinco semanas em primeiro lugar na Billboard Hot 100 dos EUA, e foi o terceiro "número um" do trio. Além de "(Everything I Do) I Do It for You" e "Have You Ever Really Loved a Woman?", Bryan, Michael e Robert escreveram a canção "All For Love" para *Os Três Mosqueteiros*/1993. Rod Stewart, Sting e o próprio Bryan Adams interpretaram a balada. "Have You Ever Really Loved a Woman?" – primeiro *single* do álbum *18 til I Die*, de Bryan Adams – praticamente repetiu o sucesso de "(Everything I do) I do it for you", e foi indicada ao Oscar e ao Globo de Ouro de melhor canção original em 1996.

Paco De Lucia gravou os trechos de música com um violão flamenco (ou guitarra flamenca como alguns preferem chamar). A melodia pode ser ouvida em versões instrumentais durante o filme, e a gravação de Adams só aparece nos créditos finais.

O vídeo, com a **participação especial** de **Paco De Lucia**, foi dirigido por **Anton Corbijn** e lançado em **maio de 1995.**

Paco de Lucia

Quando "Have You Ever Really Loved a Woman?" estourou nas paradas, Adams foi procurado por grupos de mulheres interessadas em usar a canção em prol da batalha contra o câncer de mama. Seu livro de fotos "Made in Canadá", patrocinado pela Kodak, teve a renda destinada à Canadian Breast Cancer Foundation (Fundação Canadense do Câncer de Mama). Para a publicação de 1999, Adams clicou mulheres do Canadá, incluindo estrelas do quilate das cantoras Shania Twain, Alanis Morissette, Celine Dion e da atriz Neve Campbell.

TRACKLIST

01. Have You Ever Really Loved A Woman? - Bryan Adams
02. Habanera - London Metropolitan Orchestra
03. Don Juan - London Metropolitan Orchestra
04. I Was Born In México - London Metropolitan Orchestra
05. Has Amado Una Mujer De Veras? - Michael Kamen
06. Dona Julia - London Metropolitan Orchestra
07. Don Alfonso - London Metropolitan Orchestra
08. Arábia - London Metropolitan Orchestra
09. Don Octavio Del Flores - London Metropolitan Orchestra
10. Dona Ana - London Metropolitan Orchestra

The Wonders – O sonho não acabou
1996 (That Thing You Do)

 O FILME

Nos anos 1960 quatro rapazes resolvem montar uma banda de *rock*. Tocando num dos inferninhos da cidade, são descobertos por um empresário. Em seguida, eles emplacam na parada de sucessos, passam a usar terninhos bem-cortados e invadem os programas de auditório na TV. Qualquer semelhança com a história dos Beatles não é mera coincidência. É mesmo impossível assistir *The Wonders* sem lembrar de John, Paul, George e Ringo. Não só pela sonoridade da banda fictícia de Eire (Pensilvânia/EUA), mas também pela figura do empresário Mr. White.

Interpretado por Tom Hanks, que escreveu e dirigiu o filme, White seria uma homenagem ao empresário do quarteto de Liverpool, Brian Epstein. Mas as referências não param por aí: assim como "That Thing You Do", um dos primeiros *hits* de The Wonders foi a versão acelerada da balada, "Please, Please Me" dos Beatles.

E as inspirações foram muitas. Da mesma forma que os *fab four*, os Wonders também perderam o baixista da formação original no filme (a saída de Stu Stuatcliff é contada em "Backbeat"). Na primeira aparição dos Beatles no programa Ed Sullivan's Show, num *close* em John Lennon, caracteres na tela diziam "Desculpe, meninas, ele é casado"; já no filme de Hanks, quando o diretor de TV dá um *close* em Jimmy, a frase é "Cuidado, meninas, ele é noivo".

Apesar dos quarto atores terem ensaiado como uma banda de verdade cinco horas por dia durante oito semanas num estúdio em Los Angeles, as performances no filme foram dubladas por outros músicos. "Tinha de ser um grupo completo. É como formar um time de beisebol, eles têm que se complementar", dizia o ator-diretor Tom Hanks na época das filmagens.

A preocupação de Johnathon Schaech, o Jimmy do filme, eram os *closes* no braço da guitarra enquanto ele cantava e tocava. "Quando eu percebia que a câmera estava em mim, começava a pensar nos acordes e tomava um cuidado danado", lembra o ator às gargalhadas. "Foi a melhor coisa do mundo, não fiz nada além de tocar bateria", resume Tom Everett Scott, o baterista descolado da película. "Eles realmente poderiam ter caído na estrada", finaliza Liv Tyler com a propriedade de quem tem DNA roqueiro.

The Wonders – O sonho não acabou

🎵 **A TRILHA**

Tom Hanks, Adam Schlesinger, Rick Elias, Scott Rogness, Mike Piccirillo, Gary Goetzman e Howard Shore assinam a trilha sonora. "That Thing You Do", especialmente escrita e composta para o filme por Adam Schlesinger, baixista das bandas Fountains of Wayne e Ivy, foi um genuíno sucesso apesar de o grupo nunca ter existido de fato. A música chegou a figurar no 41º lugar das 100 mais tocadas da Billboard, além de ter sido indicada para o Oscar e o Globo de Ouro em 1996 como melhor canção original. Mike Viola, dos The Candy Butchers, cantor e compositor americano, foi o escolhido para fazer a voz de Jimmy (Johnathon Schaech) e coproduziu a canção em estúdio. Mais de 10 anos depois, devido aos pedidos dos fãs do filme, ele ainda canta a música ao vivo em seus *shows*.

A canção que aparece nos créditos de abertura do filme, "Lovin' You Lots and Lots", no CD da trilha é atribuída ao grupo Norm Wooster Singers. Acontece que esse grupo vocal nunca existiu, a música foi composta pelo próprio Tom Hanks, tirando um sarro do indefectível estilo *muzak* orquestrado de Ray Coniff. Outra brincadeirinha do ator/diretor foi com a ponta que o grupo fez num filme praiano dentro do próprio filme, *Weekend At Party Pier* [Fim de Semana na Festa do Píer]. Hanks chamou o grupo de Cap'n Geech & The Shrimp Shack Shooters em homenagem a dois restaurantes de frutos do mar em Beaufort (Carolina do Sul/EUA), onde muitas cenas de Forrest Gump foram filmadas. No lado B do compacto lançado pela banda no filme, a música é "All My Only Dreams".

Mas no *single* real, que foi parar nas lojas de discos dos EUA, a canção muda para "Dance With Me Tonight", com Lenny Haise (Steve Zahn) na voz principal. A trilha sonora, lançada pela Epic Records numa parceria com a gravadora fictícia Play-Tone, chegou a ocupar o 21º lugar da Billboard. Textos no encarte do CD dão a entender que a banda realmente existiu e que as situações do filme foram inspiradas em fatos reais. Mais uma pegadinha do diretor. Devido ao sucesso do filme, a produtora de Tom Hanks na vida real mudou o nome para Play-Tone, a gravadora do The Wonders na história.

Mike Viola

TRACKLIST 🔊

01. Lovin' You Lots And Lots - Norm Wooster Singers
02. That Thing You Do! - The Wonders
03. Little Wild One - The Wonders
04. Dance With Me Tonight - The Wonders
05. All My Only Dreams - The Wonders
06. I Need You (That Thing You Do) - The Wonders
07. She Knows It - The Heardsman
08. Mr. Downtown - Freddy Fredrickson
09. Hold My Hand, Hold My Heart - The Chantrellines
10. Voyage Around The Moon - The Saturn 5
11. My World Is Over - Diane Dane
12. Drive Faster - The Vicksburgs
13. Shrimp Shack - Cap'n Geech & The Shrimp Shack Shooters
14. Time To Blow - Del Paxton
15. That Thing You Do! (Live at the Hollywood Television Showcase) - The Wonders

Titanic
1997 (Titanic)

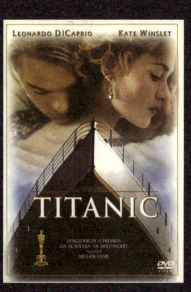

 O FILME

Por incrível que pareça, o gigante e "inafundável" navio fica em segundo plano no premiadíssimo (foram onze estatuetas ao todo) filme de James Cameron. O longa bem que poderia ter se chamado "A História de Jack e Rose". Cameron, considerado um dos diretores mais megalomaníacos de Hollywood, usou o Titanic como um luxuoso cenário para narrar as aventuras românticas do casal formado por Leonardo DiCaprio e Kate Winslet a bordo do transatlântico afundado em 1910. A trama começa com uma reportagem de TV sobre o caçador de tesouros Brock Lovett em busca do colar de diamantes Le Coeur de La Mer [O Coração do Oceano], que teria pertencido a uma passageira do navio. Do outro lado da tela, Rose Calvert, então com 101 anos, reconhece-se num retrato encontrado no fundo do mar e entra em contato com o explorador. Daí em diante o filme se desenrola em *flashbacks*.

Titanic

Horner escreveu "My Heart Will Go On" e convidou ninguém menos do que Céline Dion para registrar o tema

♪ A TRILHA

O sonho de James Cameron era contar com Enya para compor a trilha sonora, inclusive chegou a usar músicas da cantora durante a montagem do filme, hábito comum no meio cinematográfico. Como a história não foi em frente, o diretor recorreu ao compositor e velho conhecido James Horner. A dupla havia trabalhado junta em *Aliens – O resgate*/1986 e Cameron andava encantando com a trilha sonora de *Coração Valente*/1995, também assinada por Horner.

Detalhe: o cineasta, a princípio, queria apenas músicas instrumentais com vocalizes de apoio, sem letras, que acabaram ficando por conta da norueguesa Sissel Kyrkjebø, depois de uma duríssima pré-seleção com quase 30 cantores. Mas, por debaixo dos panos e com a ajuda do parceiro Will Jennings, Horner escreveu "My Heart Will Go On" e convidou ninguém menos do que Céline Dion para registrar o tema. Ao ouvir a gravação da canadense, Cameron deu o braço a torcer e o sinal verde para o uso da música no filme. Resultado: o mega-*hit*-meloso levou o Oscar melhor canção original em 1997 e, de quebra, o Globo de Ouro em 1998.

Para os *backing vocals* ouvidos em certas faixas, o trilheiro usou um coral digital em vez de gravar um coro real; depois das partes de orquestra devidamente registradas, Horner pilotou sintetizadores para conferir uma ambiência de igreja às vozes criadas em computador. O álbum *Titanic* tornou-se a trilha orquestrada mais vendida até então, ultrapassando 30 milhões de cópias; o mais vendido de 1998 nos EUA e apareceu nas listas da Billboard, ficando em primeiro lugar nas paradas por 16 semanas consecutivas. Mas a trilha sonora de *Titanic* foi sucesso em todo o mundo. A faixa "Southampton" foi a única música instrumental a figurar na MTV's TRL (Total Request Live) Countdown, tradicional programa ao vivo transmitido há 10 anos direto de Times Square, em Nova York.

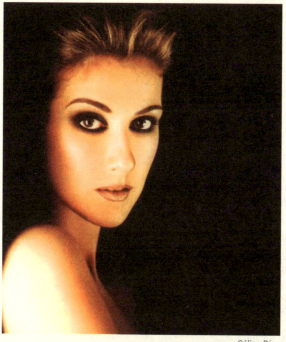

Céline Dion

TRACKLIST 🔊

01. Never an Absolution - Instrumental
02. Distant Memories - Instrumental
03. Southampton - Instrumental
04. Rose - Instrumental
05. Leaving Port - Instrumental
06. Take Her to Sea, Mr. Murdoch - Instrumental
07. Hard to Starboard - Instrumental
08. Unable to Stay, Unwilling to Leave - Instrumental
09. The Sinking - Instrumental
10. Death of Titanic - Instrumental
11. A Promise Kept - Instrumental
12. A Life So Changed - Instrumental
13. An Ocean of Memories - Instrumental
14. My Heart Will Go On - Céline Dion
15. Hymn to the Sea - Instrumental

Prazer sem limites
1997 (Boogie Nights)

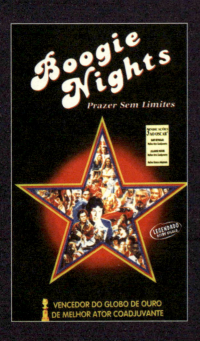

OS FILMES

O papel de Jack Horner foi oferecido ao galã Warren Beatty, mais caiu no colo do "patinho feio de Hollywood" (Burt Reynolds), que roubou a cena como um diretor conservador de filmes pornográficos que considera seu trabalho uma verdadeira forma de arte. O ator fez laboratório para o personagem visitando *sets* pornôs de verdade. Bela sacada, não? A história gira em torno de Eddie Adams (Mark Wahlberg), um lavador de pratos que muda o nome para Dirk Diggler e se transforma na estrela mais famosa do mundo pornô do final dos anos 1970.

O personagem de Wahlberg foi inspirado no ator John Holmes, reconhecido no mundo do cinema pornográfico por seus assustadores 33 cm de pênis. Literalmente, um dos maiores atores do gênero de todos os tempos. O elenco estrelado ainda conta com a ruiva Julianne Moore, John C. Reilly, loiraça Heather Graham, William H. Macy, Don Cheadle, Philip Seymour Hoffman e a veterana Nina Hartley, atriz pornô de verdade.

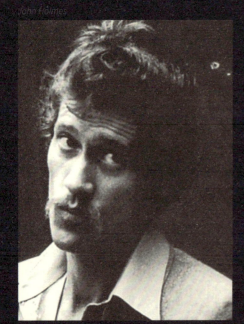

John Holmes

Prazer sem limites

🎵 **AS TRILHAS**

Álbum duplo com pérolas da *disco music*, os CDs foram lançados separadamente, no final de 1997 foi lançado *Boogie Nights: Music from the Original Motion Picture* e, no início de 1998, *Boogie Nights 2: More Music from the Original Motion Picture*. O filme começa com um plano-sequência onde a maioria dos personagens é apresentada ao irresistível som de "Best of My Love", sucesso de 1977 do grupo vocal feminino The Emotions. A música ficou em primeiro lugar nas paradas americanas por cinco semanas.

As três irmãs Hutchinson formaram o grupo no final dos anos 1960, em Illinois, Chicago. Mas os maiores sucessos só vieram na década seguinte, quando o trio vocal de R&B começou a trabalhar com Maurice White, do Earth, Wind & Fire. "Best of My Love", aliás, foi escrita e produzida por White, em parceria com Albert McKay. No ano de lançamento a canção levou o Grammy de melhor *performance* vocal em grupo de R & B. "Best of My Love" fez parte de vários filmes além de *Boogie Nights: O verão de Sam*/1999, *Ladrão que engana ladrão*/1995, *Missão impossível III*/ (2006) e *Amor não tira férias*/2006. A caprichada *soundtrack* traz ainda Marvin Gaye, The Commodores, Beach Boys e K.C. & The Sunshine Band, só para citar mais três ou quarto.

> As **três irmãs Hutchinson** formaram o **grupo no final** dos anos 60 em **Illinois, Chicago.**

The Emotions

TRACKLIST 🔊

DISCO 1
01. Intro (Feel the Heat) - John C. Reilly & Mark Wahlberg
02. Best of My Love - The Emotions
03. Jungle Fever - The Chakachas
04. Brand New Key - Melanie
05. Spill the Wine - Eric Burdon and War
06. Got to Give It Up (Part 1) - Marvin Gaye
07. Machine Gun (Instrumental) - The Commodores
08. Magnet and Steel - Walter Egan
09. Ain't No Stoppin' Us Now" - McFadden & Whitehead
10. Sister Christian - Night Ranger
11. Livin' Thing - Electric Light Orchestra
12. God Only Knows - The Beach Boys
13. The Big Top (Theme from Boogie Nights) - Michael Penn & Patrick Warren
14. The Touch" - Mark Wahlberg (faixa-bônus)

DISCO DOIS
01. Mama Told Me (Not to Come) - Three Dog Night
02. Fooled Around and Fell in Love - Elvin Bishop
03. You Sexy Thing - Hot Chocolate
04. Boogie Shoes - K.C. & The Sunshine Band
05. Do Your Thing - Charles Wright & The Watts 103rd Street Rhythm Band
06. Driver's Seat - Sniff 'n' the Tears
07. Feel Too Good - The Move
08. Jessie's Girl - Rick Springfield
09. J. P. Walk - Sound Experience
10. I Want to Be Free - Ohio Players
11. Joy - Apollo 100

161

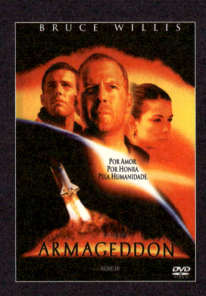

Armagedom
1998 (Armageddon)

O FILME

Um asteroide se aproxima da Terra a uma velocidade média 35.000 km/h. O choque aniquilaria a civilização da mesma forma como os dinossauros foram extintos há 65 milhões de anos. Não à toa o título do filme vem da grande tragédia bíblica. A solução é explodir o asteroide por dentro. Mas quem poderá nos salvar? Um grupo de astronautas altamente gabaritados em missões espaciais? Errado. A salvadora da pátria é a equipe de Harry S. Stamper (Bruce Willis), chefe de uma plataforma de petróleo. O bando, cheio de malandros, apostadores e até de ladrões, era exatamente o que o governo precisava para encarar a astronômica roubada: técnicos experientes e nada convencionais para os padrões da NASA.

Correndo contra o relógio, Harry e cia. tem pouquísimo tempo para perfurar 800 pés e colocar um bomba nuclear no interior do asteroide. Mas no meio de tudo isso existe, claro, tempo para a paixão tórrida entre Grace Stamper (Liv Tyler), filha de Harry, e A.J. Frost (Ben Affleck), que faz parte do bando.

Harry e cia tem pouquísimo tempo para **perfurar 800 pés** e colocar um bomba nuclear no **interior do asteroide**

Armagedom

Aerosmith

🎵 A TRILHA

Para a trilha sonora, foi convocado o pai da mocinha do filme. Steven Tyler, vocalista do Aerosmith. É muito comum que uma música pegue carona no sucesso do filme, mas no caso de Armageddon, não é bem assim que a banda toca; a *soundtrack* cheia de clássicos do rock deu uma bela turbinada no longa. Quem assina o tema instrumental é o compositor Trevor Rabin. A música título "I Don't Want To Miss a Thing", de Diane Warren, originalmente composta para Celine Dion, quase caiu no colo do U2 antes de finalmente parar nas mãos do Aerosmith. Aliás, a banda de Boston só entrou na parada quando Liv Tyler foi escalada para o filme. A balada foi o maior sucesso do grupo de Steven Tyler em 28 anos de carreira, pois, até então, a banda nunca havia ficado no topo das paradas americanas por quatro semanas consecutivas, de 5 a 26 de setembro de 1998.

Também foi a melhor *performance* do Aerosmith nas listas britânicas, um honroso quarto lugar. Simon Cowell, ex- jurado do American Idol e um implacável cri-cri profissional, definiu a "I Don't Want To Miss a Thing" como "uma das maiores canções de todos os tempos". A música foi indicada em três categorias no Grammy de 1999: canção do ano, melhor *performance* de um grupo e melhor canção original para um filme. No álbum da trilha, o Aerosmith participa com mais três faixas: "What Kind Of Love Are You On", "Sweet Emotion" e "Come Together", *cover* de The Beatles. A roqueira *soundtrack* conta ainda com ZZ Top, Journey (com Steve Augeri nos vocais substituindo Steve Perry), Bob Seger & The Silver Bullet Band e Bon Jovi em voo solo.

TRACKLIST

01. I Don't Want To Miss A Thing - Aerosmith
02. Remember Me - Journey, com vocais de Steve Augeri
03. What Kind Of Love Are You On - Aerosmith
04. La Grange - ZZ Top
05. Roll Me Away - Bob Seger & The Silver Bullet Band
06. When The Rainbow Comes - Shawn Colvin
07. Sweet Emotion (David Thoener Remix) - Aerosmith
08. Mister Big Time - Jon Bon Jovi
09. Come Together - Aerosmith
10. Wish I Were You - Patty Smyth
11. Starseed ("Armageddon" Remix)
12. Leaving On A Jet Plane (Previously Unreleased Version)
13. Theme From Armageddon - Trevor Rabin
14. Animal Crackers

Cidade dos Anjos
1998 (City of Angels)

 O FILME

A história de um anjo (Nicolas Cage) que se apaixona por uma dedicada cirurgiã (Meg Ryan). O amor faz com que o ser celestial abra mão da vida eterna para tentar a vida ao lado da amada que, mesmo comprometida com um colega de profissão, envolve-se com o anjo que não sente calor, vento, gostos e nem mesmo um simples toque.

O comportamento dos anjos do filme foi inspirado nos poemas de Rainer Maria Rilke, escritor nascido na República Tcheca em 1875. Rilke gostava de celebrar a união transcendental do mundo e do homem, numa espécie de "espaço cósmico interior". O conceito de seres celestiais que não julgam, se emocionam e vivem entre nós ouvindo conversas está na coleção "The Duino Elegies".

Cidade dos Anjos

🎵 **A TRILHA**

Johnny Rzeznik, cantor do grupo Goo Goo Dolls, é o responsável pelo grande sucesso "Iris", apesar de ter ido parar no psiquiatra por causa de um terrível bloqueio que o impedia de compor. A música fala de uma pessoa de certa forma invisível e incompreendida que encontra o amor verdadeiro. O nome da canção foi inspirado em Iris DeMent, uma cantora de *country* que Rzeznik viu numa revista. A música foi indicada ao Grammy nas categorias canção do ano, melhor *performance* de dupla ou grupo e ao MTV Movie Awards, mas não levou nada.

Outro destaque da trilha é "Uninvited", de Alanis Morissette. A música faz parte do disco lançado em 1995, Jagged Little Pill, que vendeu mais de 15 milhões de cópias. A canção foi indicada ao Globo de Ouro de 1999 na categoria de melhor canção original para cinema e também ao Grammy. Também estão na *soundtrack* U2, com a balada "If God Will Send His Angels", Jimi Hendrix com "Red House", Peter Gabriel com "I Grieve" e Eric Clapton com "Further On Up The Road".

> **"Uninvited"**, de **Alanis Morissette**, faz parte do disco lançado em 1995, **"Jagged Little Pill**, que vendeu mais de **15** milhões de cópias

Alanis Morissette

TRACKLIST 🔊

01. If God Will Send His Angels - U2
02. Uninvited - Alanis Morissette
03. Red House - Jimi Hendrix
04. Feelin' Love - Paula Cole
05. Mama, You Got A Daughter - John Lee Hooker
06. Angel - Sarah McLachlan
07. Iris - Goo Goo Dolls
08. I Grieve - Peter Gabriel
09. I Know - Jude
10. Further On Up The Road - Eric Clapton
11. An Angel Falls (Remix) - Gabriel Yared
12. The Unfeeling Kiss - Gabriel Yared
13. Spreading Wings - Gabriel Yared
14. City Of Angels

O Mundo de Andy

1999 (Man on the Moon)

 O FILME

Um dos trabalhos mais bacanas de Jim Carrey no cinema foi no papel de Andy Kaufman, comediante americano famoso pelo humor de vanguarda e nada convencional. O filme narra a tragicômica história do ator que, por incrível que pareça, não se achava engraçado e nem se considerava humorista. Mesmo assim o sonho de Kaufman era se tornar "o maior artista do mundo".

Para o longa, foram três longos anos de pré-produção, com entrevistas de amigos e inimigos do irresistível Latka do seriado *Taxi*, exibido pela rede americana ABC entre 1978 e 1983. O elenco da série, aliás, participa do longa recriando o *set* original da atração. Danny DeVito, o Louie De Palma da sitcom, foi omitido da cena porque já fazia o papel de George Shapiro, o empresário de Kaufman na trama.

Graças à *performance* em *O mundo de Andy*, Jim Carrey foi premiado com Globo de Ouro de melhor ator em comédia ou musical e Milos Forman, o diretor, levou para casa o Urso de Ouro no Festival de Berlim. Destaque também para a trilha, assinada pelo R.E.M.

> **Andy Kaufman, comediante americano famoso pelo humor de vanguarda e nada convencional**

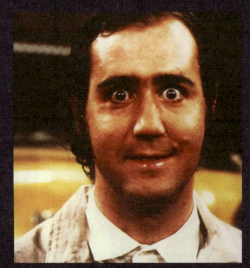

Andy Kaufman

O Mundo de Andy

Michael Stipe, vocalista do grupo americano R.E.M., era fã de **Andy Kaufman** desde os tempos de **Saturday Night Live**

Michael Stipe

🎵 A TRILHA

Michael Stipe, vocalista do grupo americano R.E.M., era fã de Andy Kaufman desde os tempos de *Saturday Night Live* e gosta de dizer que de certa forma foi influenciado pelo estilo do incompreendido humorista. Em 1992, sete anos antes do filme ser lançado, Stipe fazia uma homeganem ao ídolo com "Man On The Moon", décima faixa do álbum *Automatic For The People*. Como Kaufman gostava de imitar Elvis, o cantor do R.E.M. interpreta o trecho "Hey, Baby Are We Losing Touch?" entonação parecida com a do rei.

"The Great Beyond", segunda faixa da *soundtrack*, foi especialmente composta para a trilha sonora de *O mundo de Andy*. O *single* foi bem, ficou em terceiro lugar nas paradas do Reino Unido e foi incluído na sétima compilação de canções da banda, *In Time: The Best of R.E.M. 1988-2003*. A música, que também pode ser encontrada no disco ao vivo *R.E.M, Live* e no DVD *Perfect Square*, chegou a ser indicada ao Grammy. Existem duas versões do clipe dirigido por Liz Friedlander: a primeira mostrando cenas do filme, com Jim Carrey no papel de Andy Kaufman e uma segunda mostrando o próprio humorista. Tirando , "Rose Marie", "Here I Come To Save The Day" e de "One More Song For You", cantada pelo próprio Andy Kaufman, toda a *soundtrack* é assinada pela banda de Michael Stipe. A trilha, muito elogiada pela crítica, foi lançada em 22 de novembro de 1999 pela Warner Bros. Records em parceria com a Jersey Records.

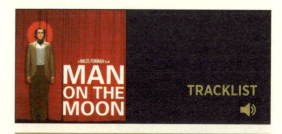

TRACKLIST

01. Here I Come To Save The Day (Mighty Mouse Theme) - The Sandpipers
02. The Great Beyond - R.E.M.
03. Kiss You All Over - Exile
04. Angela (Theme to Taxi) –
05. Tony Thrown Out - instrumental
06. Man on the Moon - R.E.M.
07. This Friendly World - Michael Stipe e Jim Carrey
08. Miracle - Mike Mills e orchestra
09. Lynne and Andy - instrumental
10. Rose Marie - Andy Kaufman
11. Andy Gets Fired - instrumental
12. I Will Survive - Tony Clifton
13. Milk & Cookies - instrumental
14. Man on the Moon - instrumental
15. One More Song For You" - Andy Kaufman

Detroit a Cidade do Rock

1999 (Detroit Rock City)

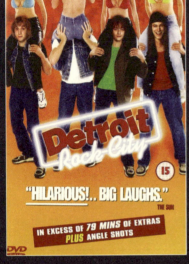

🎥 O FILME

Uma espécie de versão anos 90 de "Febre da Juventude". Só que no lugar dos Beatles, o Kiss. Hawk, Jam, Lex e Trip, são quatro estudantes fãs de Gene, Paul, Ace e Peter que viajam de Cleveland até Detroit para um *show* do quarteto mascarado. O problema é que os integrantes da Mystery, banda *cover* de Kiss, não têm ingressos. Mas passam o filme fazendo de tudo para conseguir as cobiçadas entradas, até *strip-tease*.

Aliás, especialmente para o longa, Gene Simmons & Cia encenaram um *show* clássico dos anos 1970, década em que se passa a história. Fora isso, o filme é recheado de referências da banda, como as personagens Beth e Christine, nomes tirados das músicas "Beth" e "Christine Sixteen".

Originalmente batizado como *The Kiss Movie,* a produçãoo não chegou a ser um sucesso de bilheteria nos cinemas, mas virou um filme cultuado pelos fãs do Kiss e de *rock* 'n' roll em geral.

Edward Furlong

Detroit a Cidade do Rock

Thin Lizzy

🎵 A TRILHA

O álbum com a trilha, como não poderia deixar de ser, é um baita disco de *rock*. Do próprio Kiss, estão na *tracklist*: "Shout It Out Loud", Nothing Can Keep Me From You, inédita até então, toca nos créditos finais e, claro, Detroit *Rock* City, que dá nome ao filme.

Quatro versões foram exclusivamente gradavas para a *soundtrack*: Strutter (The Donnas), Cat Scratch Fever (Pantera), The Boys Are Back in Town (Everclear) e Highway To Hell (Marilyn Manson). Mesmo não assinando seu próprio clássico na trilha, já que o grupo de Portalnd Everclear entrou com a *cover* de The Boys Are Back in Town, o Thin Lizzy contribui com a irresistível Jailbreak.

E 10 anos antes de ser usada em *Homem de Ferro*, "Iron Man", do Black Sabbath, ajuda a encorpar a *soundtrack* do filme do Kiss, que ainda conta com The Runaways, David Bowie, Van Halen e Cheap Trick.

Cusiosidade: no início do filme, quando os protagonistas aparecem tocando "Rock And Roll All Night" é para valer, os atores estão realmente fazendo um som em frente às câmeras. Momento garagem total.

Kiss

TRACKLIST 🔊

01. The Boys Are Back in Town - Thin Lizzy
02. Shout It Out Loud - Kiss
03. Runnin' With The Devil - Van Halen
04. Cat Scratch Fever - Pantera
05. Iron Man - Black Sabbath
06. Highway To Hell - AC/DC
07. 20th Century Boy - Drain S.T.H
08. Detroit Rock City - Kiss
09. Jailbreak - Thin Lizzy
10. Surrender (Live) - Cheap Trick
11. Rebel Rebel - David Bowie
12. Strutter - The Donnas
13. School Days - The Runaways
14. Little Willy - Sweet
15. Nothing Can Keep Me From You - Kiss

Quase Famosos
2000 (Almost Famous)

 O FILME

Imagine um adolescente de 15 anos aspirante à repórter de música cruzando o país dentro do ônibus da banda mais badalada do momento e ainda credenciado pela bíblia da cultura *pop*? Essa é o *storyline* do longa autobiográfico escrito e dirigido por Cameron Crowe. William Miller (Patrick Fugit), um ávido fã de *rock*, consegue emplacar uma pauta na *Rolling Stone* omitindo a idade ao editor da revista: acompanhar a banda fictícia Stillwater em sua primeira excursão pelos Estados Unidos. Conforme o garoto vai se envolvendo com o grupo e se deslumbrando com o acesso aos bastidores, a isenção jornalística começa a ir para o saco. Isso sem falar no envolvimento com a irresistível Penny Lane (Kate Hudson), a groupie que passa o filme todo sendo feita de gato e sapato pelo guitarrista Russell Hammond (Billy Crudup). O filme retrata o cenário roqueiro dos anos 1970, o que foi a deixa para uma caprichada trilha sonora. Vamos a ela.

Quase Famosos

Stillwater

Existiu uma Stillwater nos anos 70, mas sem sucesso algum

Elton John

♪ A TRILHA

Stillwater, a banda que aparece no filme, foi inspirada em três grupos que o diretor Cameron Crowe adorava: Led Zeppelin, The Allman Brothers Band e Lynyrd Skynyrd. As canções do Stillwater foram escritas, em sua maioria, por Cameron Crowe, mas ele não assina nenhuma delas. Algumas, por exemplo, constam como composição de Peter Frampton. Outras músicas originais ouvidas no longa foram compostas pela esposa de Crowe, Nancy Wilson, cantora e guitarrista da banda Heart. "Fever Dog", *hit* do Stillwater no filme, é de autoria dela, assim como "Lucky Trumble".

Mas dá para dizer que a música quer marcou *Quase Famosos* foi mesmo "Tiny Dancer", sucesso do quarto disco de Elton John. A canção foi inspirada em Maxine Feibelman, namorada de Bernie Taupin, autor da letra. Maxine, que dançou na turnê do cantor em 1970, também era a costureira da banda, daí o verso "seamstress for the band". Por causa da cena do filme onde o guitarrista Russell começa a cantarolar a canção e contagiar o ônibus inteiro, Elton começou a escalar "Tiny Dancer" para os *shows*. "Eu realmente não tocava muito essa música ao vivo até Cameron Crowe a usar em *Quase Famosos,* mas agora é a mais pedida pelo público", explica o cantor. Nancy Wilson gravou uma versão instrumental que foi usada pontuando trechos do longa. Em 2004, "Tiny Dancer" entrou para a lista das 500 maiores canções de todos os tempos da *Rolling Stone*. O disco com a trilha sonora, que levou o Grammy de melhor compilação para cinema em 2001, é recheado de pesos pesados do *rock*: Simon & Garfunkel, The Who, Yes, Beach Boys, Rod Stewart, Led Zeppelin, David Bowie, Lynyrd Skynyrd e Cat Stevens, para citar alguns. A liberação de direitos autorais para o uso de tantas luxuosas faixas bateu em um milhão e meio de dólares.

TRACKLIST

01. America – Simon & Garfunkel
02. Sparks – The Who.
03. It Wouldn't Have Made Any Difference – Todd Rundgren
04. I've Seen All Good People: Your Move - Yes
05. Feel Flows – The Beach Boys
06. Fever Dog – Stillwater
07. Every Picture Tells a Story – Rod Stewart
08. Mr. Farmer – The Seeds
09. One Way Out (Live) – The Allman Brothers Band
10. Simple Man – Lynyrd Skynyrd
11. That's the Way – Led Zeppelin
12. Tiny Dancer – Elton John
13. Lucky Trumble – Nancy Wilson
14. I'm Waiting for the Man – David Bowie
15. The Wind – Cat Stevens
16. Slip Away – Clarence Carter
17. Something in the Air – Thunderclap Newman

Alta Fidelidade

2000 (High Fidelity)

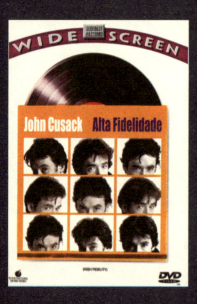

 O FILME

Esse, para já começar no clima Rob Gordon (John Cusack), entra fácil para o Top 5 de filmes mais bacanas da década. *Alta Fidelidade* é uma adaptação do livro homônimo de Nick Hornby lançado em 1995. É a história de um ex-DJ e dono de uma loja de discos de vinil à beira da falência. Gordon, também um eterno azarado no amor, é uma enciclopédia ambulante do *rock 'n' roll*. Junto com os funcionários Dick (Todd Louiso) e Barry (Jack Black) protagoniza momentos impagáveis na trepidante Championship Vinyl. O bacana é que a loja realmente existe e fica em Evanston/EUA, cidade natal de Cusack.

Querendo entender mais um fracasso amoroso, dessa vez com a namorada Laura (Iben Hjejle), Rob faz um Top 5 das mulheres mais importantes que passaram por sua vida e vai atrás de todas elas tentando entender os motivos de cada separação. Tudo isso ao som de biscoitos finos da música. Em 2006, o livro que virou filme foi parar também nos palcos. O musical *Alta Fidelidade* foi escrito por David Lindsay-Abaire, com composições de Amanda Green e músicas de Tom Kitt.

> **Alta Fidelidade** é uma adaptação do **livro homônimo** de **Nick Hornby** lançado em 1995

John Cusack

Alta Fidelidade

Jack Black deu um *show*

no final do filme cantando "Let's Get It On", de Marvin Gaye

Jack Black

🎵 **A TRILHA**

A capa do CD, do DVD e o pôster do filme são uma clara homenagem à *A Hard Days Night*, terceiro disco dos Beatles. John Cusack, que além de ator é corroteirista do filme, de cara enfrentou um desafio: escolher setenta músicas de uma lista de quase duas mil, para depois separar as doze que entrariam na trilha. Segundo Cusak, tudo isso para fazer jus ao gosto "esnobe" da dupla cri-cri Dick e Barry. O papel de Barry, aliás, foi escrito especialmente para Jack Black. O ator-guitarrista-cantor, de cara declinou o convite, mas reconsiderou e literalmente deu um *show* no final do filme cantando "Let's Get It On", de Marvin Gaye. A versão incluída na *soundtrack* é com o ator nos vocais.

Outra que além de atuar aparece cantando no filme é Lisa Bonet, no papel de Marie DeSalle. Lisa, para quem não lembra, era um das filhas de Bill Cosby na série de TV *The Cosby Show*, exibida entre 1984 e 1992. As músicas cantadas por Lisa não aparecem no disco da trilha. Bruce Springsteen, apesar de também não estar na *soundtrack*, faz aparições no longa enquanto entidade roqueira. Quando Rob Gordon diz as palavras "Good luck, goodbye", última frase da canção "Bobby Jean", Bruce entra em cena tocando guitarra e dando conselhos ao choroso dono da loja de vinis. Artistas que não aparecem, mas são citados no filme, estão na trilha, como Stevie Wonder. "I Believe (When I Fall In Love It Will Be Forever)" abre o disco, que também conta com os consagrados Bob Dylan e Elvis Costell, além de bandas *indies* como The Kinks, Stereolab e Velvet Underground.

TRACKLIST 🔊

01. I Believe (When I Fall In Love It Will Be Forever) - Stevie Wonder
02. You're Gonna Miss Me - 13th Floor Elevators
03. Everybody's Gonna Be Happy - The Kinks
04. I'm Wrong About Everything - John Wesley Harding
05. Oh! Sweet Nuthin' lyrics - The Velvet Underground
06. Most Of The Time - Bob Dylan
07. Dry The Rain - The Beta Band
08. Cold-blooded Old Times - Smog
09. Let's Get It On - Jack Black
10. Lo Boob Oscillator - Stereolab
11. Who Loves The Sun - The Velvet Underground
12. Shipbuilding - Elvis Costello and The Attractions

173

Duets - Vem cantar comigo
2000 (Duets)

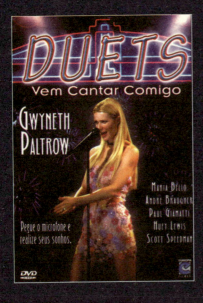

O FILME

Karaokê no melhor estilo filme de estrada. Huey Lewis de volta às telonas como protagonista quinze anos depois da rapidíssima ponta como jurado de bandas de *rock* em *De Volta Para o Futuro*. Em *Duets* ele é Ricky Dean, um cantor que roda os Estados Unidos participando de concursos de karaokê para levantar uma grana. Com experiência profissional, ele se faz de amador e passa os incautos concorrentes para trás. Entre uma *gig* e outra, recebe a notícia da morte da ex-mulher e acaba descobrindo que tem uma filha, interpretada por Gwyneth Paltrow. O longa, aliás, é dirigido pelo pai da loira, Bruce Paltrow. Foi o único projeto em que pai e filha trabalharam juntos.

Durante a saga musical outras figuras impagáveis vão aparecendo e soltando a voz: Paul Giamatti, um vendedor atrapalhado; Maria Bello, uma garçonete que sonha virar cantora, e Andre Braugher, um ex-presidiário dono de um vozeirão. Depois de *Duets* os karaokês nunca mais foram os mesmos.

Gwyneth Paltrow

Duets - Vem cantar comigo

Huey Lewis, como sempre, arrasa com o vozeirão rasgado em "Feeling Alright"

🎵 A TRILHA

A trilha, lançada em 12 de setembro de 2000, é uma das mais bacanas da década. O CD, todo cantado pelo elenco do filme, é um desfile de clássicos do *pop*, R&B e, por que não dizer, do *rock*. Até porque, reza a lenda, depois de Beethoven é "tudo" *rock*.

Huey Lewis, como sempre, arrasa com o vozeirão rasgado em "Feeling Alright", "Lonely Teardrops" (a mesma que Howard Huntsberry canta em *La Bamba* na pele de Jackie Wilson) e divide com Gwyneth os vocais de "Cruisin", de Smokey Robinson. É bom dizer que o dueto é um dos mais pedidos nos karaokês desde o lançamento do filme. A versão cantada pelos atores ficou três semanas em primeiro lugar nas paradas australianas.

Quando Robinson fez a letra, em 1979, o guitarrista Marv Tarplin já estava com a música pronta. "Ele colocou um K7 para tocar e pediu que eu fizesse a letra, que só ficou pronta cinco anos depois", confessa o cantor de R&B. "A música era sensual, intimista, mas a letra não vinha. O ponto de partida foi quando pensei na frase 'You're gonna fly away and I'm glad you're coming my way' [você está voando para longe e eu estou feliz que esteja vindo em minha direção]. Eu estava dirigindo e ouvi uma canção do grupo The Rascals no rádio, chamada 'Groovin', e pensei: É isso! Mas pensei melhor e acabei mudando para 'Cruisin'.", explica Smokey. "Fico espantado com a quantidade de gente que especula sobre o significado da palavra 'Cruisin' na música, mas isso eu deixo para os ouvintes", finaliza o cantor. Fora o dueto, Paltrow surpreende solando em "Bette Davis Eyes" e "Just My Imagination", com Baby Face.

Mas não é só o casal de protagonistas que solta a voz no filme, não. Até o figura Paul Giamatti se arriscou e cantou "Hello It's Me" e "Try a Little Tenderness", um dueto com o ator Arnold McCuller, esse sim dono de um vozeirão. McCuller ainda ataca uma versão à capela de "Free Bird", do grupo americano Lynyrd Skynyrd's, e Maria Bello mandou ver em "Sweet Dreams (Are Made Of This)" e "I Can't Make You Love Me".

Ruey Lewis

TRACKLIST 🔊

01. Feeling Alright - Huey Lewis
02. Bette Davis Eyes - Gwyneth Paltrow
03. Cruisin' - Huey Lewis, Gwyneth Paltrow
04. Just My Imagination (Running Away With Me) - Babyface, Gwyneth Paltrow
05. Try a Little Tenderness - Paul Giamatti, Arnold McCuller
06. Hello It's Me - Paul Giamatti
07. I Can't Make You Love Me - Maria Bello
08. Sweet Dreams (Are Made Of This) - Maria Bello
09. Lonely Teardrops - Huey Lewis
10. Copacabana (At the Copa) - John Pinette
11. Free Bird - Arnold McCuller
12. Beginnings/Endings

Moulin Rouge – Amor em vermelho

2001 (Moulin Rouge)

O FILME

O romance musical levado ao cinema por Baz Luhrmann em 2001 foi basicamente inspirado em três óperas/operetas: "La Bohème", de Giacomo Puccini, "La Traviata de Giuseppe Verdi" e "Orphée aux Enfers", de Jacques Offenbach. A história se passa em 1899 e gira em torno da paixão entre o jovem poeta Christian (Ewan McGregor) e a cortesã Satine (Nicole Kidman). Contariando o pai, Christian se muda para Paris e é acolhido pelo pintor Toulouse-Lautrec e sua turma e, por eles, apresentado ao Moulin Rouge. Lá se apaixona pela mais bela cortesã do salão de dança, uma mistura de clube noturno e bordel, Satine. O *cabaret* que inspirou o longa, com seu inconfundível moinho vermelho no terraço, funciona até hoje e é uma referência na noite parisiense.

Depois de 23 anos, a Academy of Motion Pictures Arts and Sciences finalmente indicou um musical para o Oscar na categoria de melhor filme. A última indicação havia sido para *All That Jazz – O show deve continuar* /1979.

> **A história** se passa em 1899 e gira em torno da **paixão** entre o jovem poeta **Christian** e a cortesã **Satine**

Moulin Rouge – Amor em vermelho

🎵 A TRILHA

De bate-pronto, a música que vem à cabeça é "Lady Marmalade", interpretada pelo "quadrado mágico" formado pelas divas Christina Aguilera, Lil' Kim, Mya e Pink. A versão foi número um na lista das 100 mais tocadas nos Estados Unidos por cinco semanas, entre 26 de maio e 30 de junho de 2001.

Também ocupou o topo das paradas no Reino Unido e na Austrália, além de Brasil, Portugal, introduzindo a canção a uma nova geração de ouvintes. "Lady Marmalade" foi lançada originalmente em dezembro de 1974 por Patricia Louise Holte, ou Pati Labelle, famosa cantora de R&B da época. Graças ao sensual refrão "Voulez-vous coucher avec moi? Voulez-vous coucher avec moi (ce soir)?" [você gostaria de dormir comigo? Você gostaria de dormir comigo (esta noite)?], a canção chegou ao topo das paradas em 1975 e, já em 2003, foi incluída no Hall da Fama do Grammy.

Pati Labelle

> **"Senhorita Marmelada"** foi lançada originalmente em dezembro de **1974** por **Pati Labelle,** famosa cantora de **R&B da época**

Pink, Mya, Lil Kim e Christina Aguilera

Nicole Kidman e Ewan McGregor

177

Almanaque da Música Pop no Cinema

"Your Song",
primeiro grande sucesso de Elton John em parceria com Bernie Taupin, aparece no disco da trilha sonora

"Your Song", primeiro grande sucesso de Elton John em parceria com Bernie Taupin, aparece no disco da trilha sonora em três versões: duas instrumentais (faixas 16 e 23) e uma interpretada por Ewan McGregor numa das cenas mais famosas do filme, na qual Christian canta para Satine como quem recita um poema. Elton John toca o *hit* composto em 1967 em todos os seus *shows* até hoje. Em "Elephant Love Medley" (faixa 10 do álbum), McGregor e Kidman desfilam trechos de várias canções de amor que fizeram sucesso, de The Beatles a U2: "All You Need Is Love", "Pride (In The Name Of Love)", "Silly Love Songs", "Up Where We Belong", "I Will Always Love You" e "Heroes". As autorizações para uso das músicas demoraram quase dois anos para sair.

A única música realmente inédita da trilha é "Come What May" (faixa 11), escrita por David Baerwald para *Romeo + Juliet*, mas que acabou não sendo utilizada no longa de 1996 com Leonardo DiCaprio e Claire Danes. Mesmo assim foi desqualificada para concorrer ao Oscar de melhor canção original, pelo fato de ter sido composta para outro filme. Madonna é citada na trilha com "Material Girl" e "Like a Virgin". Já "Father And Son", de Cat Stevens, acabou não entrando porque o cantor, convertido ao islamismo (desde 1978 é conhecido como Yusuf Islam), não aprovou a conotação sensual do longa. Mas a cena, inteirinha, foi incluída na edição especial do DVD de *Moulin Rouge*.

Elton John

Moulin Rouge – Amor em vermelho

TRACKLIST 🔊

01. Nature Boy - David Bowie
02. Lady Marmalade - Lil Kim / Christina Aguilera / Pink / Mya
03. Because We Can - Fatboy Slim
04. Sparkling Diamonds - Nicole Kidman / Jim Broadbent / Caroline O'Connor / Natalie Mendonza / Lara Mulcahy
05. Rhythm of the Night - Valeria
06. Your Song - Ewan McGregor / Alessandro Safina
07. Children of the Revolution - Gavin Friday / Bono / Maurice Seezer
08. One Day I'll Fly Away - Nicole Kidman
09. Diamonds Dogs - Beck
10. Elephant Love Medley - Ewan McGregor / Nicole Kidman / Jamie Allen
11. Come What May - Ewan McGregor / Nicole Kidman
12. El Tango de Roxanne - Ewan Mcgregor / Jose Feliciano / Jacek Koman
13. Complainte de la Butte - Rufus Wainwright
14. Hindi Sad Diamonds - John Leguizamo / Nicole Kidman / Alika Yagnik
15. Nature Boy - Massive Attack / David Bowie
16. Your Song (Instrumental) - Craig Armstrong
17. Sparkling Diamonds - Nicole Kidman / Jim Broadbent / Caroline O' Connor / Natalie Mendonza / Lara Mulcahy
18. One Day I`ll Fly Away (Remix) - Nicole Kidman
19. The Pitch (Spectacular Spectacular) - Ewan Mcgregor / John Leguizamo / Nicole Kidman / Jim Broadbent / Richard Roxburgh / Jacek Koman / Garry Macdonald / Matthew Whittet
20. Come What May - Ewan Mcgregor / Nicole Kidman
21. Like a Virgin - Madonna / Jim Broadbent / Richard Roxburgh / Anthony Weigh
22. Meet Me in the Red Room - Amiel
23. Your Song (Instrumental) - vários
24. The Show Must Go On - Nicole Kidman / Jim Broadbent / Anthony Weigh
25. Ascension / Nature Boy - Ewan Mcgregor
26. Bolero - Simon Standage
27. In The Name Of Love - U2
28. Material Girl – Madonna

Shrek

📽 OS FILMES

Nem só de filme adulto vivem as grandes trilhas do cinema. Um representante de peso é a franquia Shrek que está aqui para representar a turma. Afinal, as aventuras do ogro feliz costumam render *soundtracks* bacanas. Os longas de animação que contam a história do monstrinho verde foram baseados em *Shrek!*, livro de 1990 escrito por William Steig sobre um jovem ogro que encontra a ogra dos seus sonhos quando resolve sair de casa e conhecer o mundo. O nome vem do alemão e do iídiche, "Schreck"/"Shreck" significa "medo" ou "terror".

A versão original conta com as vozes de Eddie Murphy (Burro), John Lithgow (Lord Farquaad), Mike Myers (Shrek) e Cameron Diaz (Princesa Fiona). No Brasil, o o saudoso Bussunda dá voz ao papel do ogro, Fernanda Crispim à princesa, Mario Jorge de Andrade ao burro tagarela e Claudio Galvan ao lorde vilão de baixa estatura.

Shrek

No primeiro filme da série, de 2001, Shrek bate de frente com o temido governante de Duloc, Lord Farquaad, que deseja expulsar todas as criaturas mágicas da floresta. Para evitar a solidão, o ogro parte para uma espinhosa missão acompanhado de um burro falante: resgatar de um castelo a mulher dos sonhos de Farquaad, a princesa Fiona, que vive guardada por um dragão. Acontece que, no caminho de volta, Shrek e Fiona se apaixonam e o Lord fica na vontade.

Em *Shrek 2*/2004, o desafio do ogro é enfrentar os pais da noiva, frustrados com a escolha da filha. O convite feito ao casal pelo Rei e a Rainha para uma visita ao Reino Tão, Tão Distante, na verdade, se revela uma armadilha. Para continuar com Fiona, Shrek precisa enfrentar a poderosa Fada-Madrinha, o belo Príncipe Encantado e o famoso matador de ogros, o Gato de Botas, dublado por Antonio Banderas (no Brasil, a voz é de Alexandre Moreno). *Shrek Terceiro*/2007, começa com o Príncipe Encantado inconformado por ter perdido Fiona para o ogro e com Shrek assumindo o trono para que Rei Harold se recuperasse de uma doença. Para o monstro verde, agir como nobre é difícil e revela o desejo de voltar para o pântano. Fiona, por sua vez, quer ter filhos.

Shrek para sempre/2010, o último capítulo da série. Será? Depois de um pacto com Rumplestiltskin, o duende tagarela, Shrek vai parar numa espécie de mundo bizarro, numa versão deturpada do reino de Tão, Tão Distante, onde os ogros são caçados impiedosamente. A missão: nosso herói precisa reverter a história, salvar seus amigos, o reino e, claro, sua amada esposa Fiona. Tudo isso em 3D.

Cameron Diaz (Princesa Fiona), Mike Myers (Shrek), Eddie Murphy (burro) e Antonio Banderas (Gato de Botas)

181

Almanaque da Música Pop no Cinema

♪ A TRILHA

A trilha incidental do primeiro filme da série, composta por Harry Gregson-Williams e John Powell, levou o Oscar de "melhor trilha sonora para uma animação". Na ala *pop*, o destaque da *soundtrack* é a versão de " I'm a Believer " feita pelo grupo Smash Mouth, que também aparece no disco com "All Star". A frase "I thought love was only true in fairy tales" [Eu pensava que amor só fosse verdade em contos de fada] caía como uma luva na história. Sobre "Hallelujah", apesar do *cover* de Rufus Wainwright da canção de Leonard Cohen estar na trilha sonora álbum, a versão que aparece no filme é de John Cale. Composta por Neil Diamond e gravada pelos Monkees em 1966, "I'm a Believer" ficou sete semanas no topo das paradas e foi o *single* mais vendido de 1967. Nos créditos finais da animação, Ed Murphy canta o clássico da banda que estrelava um seriado de TV com o mesmo nome.

Em Shrek 2 a trilha fez ainda mais sucesso: chegou ao top 10 da Billboard 200 e foi o álbum de *soundtracks* mais vendido na Austrália

Em *Shrek 2*, a trilha fez ainda mais sucesso: chegou ao top 10 da Billboard e foi o álbum de *soundtracks* mais vendido na Austrália. A música que puxava o disco, "Accidentally In Love", dos Counting Crows, também ficou entre as 10 mais tocadas dos Estados Unidos e foi indicada ao Oscar de melhor canção. Adam Duritz, cantor da banda, confessa que não costumava aceitar encomendas de músicas até *Shrek*. "Me disseram apenas que a canção tinha que ser 'para cima' e que eu não deveria escrever a música pensando no ogro, e sim pensando em mim mesmo. O engraçado é que no fim das contas 'Accidentally In Love' refletia mesmo o meu momento na época: me apaixonei por quem não deveria. Também foi muito legal ver a garotada, que normalmente não é público da banda, cantando a música". Outro destaque do segundo filme da série é o dueto entre Eddie Murphy e Antonio Banderas em "Livin´ La Vida Loca", lançada por Ricky Martin em 1999, e que, na época, foi eleita pela *Rolling Stone* como uma das "20 Canções Mais Irritantes". David Bowie, Tom Waits e Nick Cave também participam da trilha. A música incidental e os temas do filme foram compostos por Harry Gregson-Williams e posteriomente reunidas num álbum lançado em 19 de Junho de 2007. Adicionalmente, foi lançado um álbum contendo as canções inseridas no decorrer do filme, incluindo um dueto entre Eddie Murphy e Antonio Banderas, uma versão *cover* de "Thank you (Falletin me be mice elf again)"

SHREK

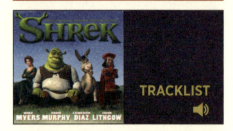

TRACKLIST 🔊

01. Stay Home - Self
02. I'm a Believer - Smash Mouth
03. Like Wow! - Leslie Carter
04. It Is You (I Have Loved) - Dana Glover
05. Best Years of Our Lives - Baha Men
06. Bad Reputation - Halfcocked
07. My Beloved Monster - Eels
08. You Belong to Me - Jason Wade
09. All Star - Smash Mouth
10. Hallelujah - Rufus Wainwright
11. I'm on My Way - The Proclaimers
12. I'm a Believer (reprise) - Eddie Murphy

SHREK 2

TRACKLIST 🔊

01. Accidentally In Love - Counting Crows
02. Changes - Butterfly Boucher e David Bowie
03. As Lovers Go (Remix) - Dashboard Confessional
04. Funkytown - Lipps, Inc
05. I´m On My Way - Rich Price
06. I Need Some Sleep - Eels
07. Ever Fallen In Love - Pete Yorn
08. Little Drop Of Poison - Tom Waits
09. You´re So True - Joseph Arthur
10. People Ain´t No Good - Nick Cave e The Bad Seeds
11. Fairy Godmother Song - Jennifer Saunders
12. Livin´ La Vida Loca - Eddie Murphy e Antonio Banderas
13. Holding Out For A Hero - Jennifer Saunders

Shrek

Counting Crows

Smash Mouth

A trilha de *Shrek para sempre* é cheia de boas sacadas como as outras edições, e traz 21 faixas. Destaque para o repeteco do tema principal "I´m a Believer", dos Monkees, só quem em versão repaginada: sai Smash Mouth, entra Weezer. Dessa vez deu certo, porque a canção "My Best Friend", programada para os créditos iniciais no segundo filme da série, foi substituída em cima da hora por Accidently In Love" dos Counting Crows. Enquanto gravava a faixa 18 da trilha, o *frontman* do grupo, Rivers Cuomo, chegou a escrever no Twitter no dia 10 de janeiro de 2010: "Dia fantástico. Dando os toques finais na música-tema de *Shrek*".

Antonio Banderas, de novo dublando o Gato de Botas, solta o gogó numa versão latina e meio acústica de One Love, de Bob Marley. Lionel Ritchie também aparece fazendo a trilha numa impagável cena do Burro com o mega *hit* "Hello", do premiado álbum *Can't Slow Down*, de 1984.

E na sequência que mostra um Shrek meio Hulk, temido por todos, a música que embala a animação é "Top of the World", dos Carpenters. A canção, do disco *A Song for You*, foi lançada em 1972.

SHREK TERCEIRO

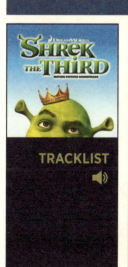
TRACKLIST

01. Royal Pain - Eels
02. Do You Remember *Rock 'n' Roll Radio?* - The Ramones
03. Immigrant Song - Led Zeppelin
04. Barracuda - Fergie
05. Live and Let Die - Wings
06. Best Days - Matt White
07. Joker & the Thief - Wolfmother
08. Other Ways - Trevor Hall
09. Cat's in the Cradle - Harry Chapin
10. Losing Streak – Eels
11. What I Gotta Do - Macy Gray
12. Thank You (Falletin Me Be Mice Elf Again) - Eddie Murphy, Antonio Banderas
13. Final Showdown - Maya Rudolph, Rupert Everett
14. Charming's Plan - Harry Gregson-Williams
15. Touched by Love - Eran James

SHREK PARA SEMPRE

TRACKLIST

01. Dueling Banjos
02. One Love - Antonio Banderas
03. Birthday Bash
04. Top Of The World - The Carpenters
05. The Greatest Love Of All
06. Rumpel's Party Palace - Mike Simpson
07. Click Click - Light FM featuring Lloyd Hemmings
08. Sure Shot - Beastie Boys (Contém partes de "Howlin' For Judy" Interpretada por Jeremy Steig)
09. Shake Your Groove Thing - Mike Simpson
10. Hello - Lionel Richie
11. For Once In My Life - Stevie Wonder

Uma lição de amor
2001 (I am Sam)

 O FILME

Uma das atuações mais sensíveis e emocionantes de Sean Penn. O ex-marido de Madonna interpreta Sam Dawson, um deficiente mental que cria sua filha Lucy (Dakota Fanning) com a ajuda dos amigos. Mas assim que faz 7 anos, a menina começa a ultrapassar intelectualmente seu pai, o que acaba chamando a atenção de uma assistente social que acha melhor interná-la em um orfanato. A partir de então, Sam enfrenta um caso praticamente impossível de ser vencido, mesmo com a ajuda da estressada advogada Rita Harrison (Michelle Pfeiffer) que, depois de alguma esquiva, acaba aceitando o caso e criando laços de carinho com seu cliente.

Uma lição de amor

Aimee Mann

🎵 **A TRILHA**

A personagem de Dakota Fanning não chama Lucy por acaso, o nome foi inspirado na canção dos Beatles "Lucy in Sky With Diamonds". O sobrenome de Rita, a advogada, também não é Harrison à toa. Aliás, Rita veio de "Lovely Rita", do álbum *Sgt. Pepper's Lonely Hearts Club Band*. Por vontade de Sean Penn, toda a trilha sonora do filme é composta por músicas do quarteto de Liverpool.

A grande pedra no sapato do ator eram os direitos para o uso dos fonogramas originais, que na época pertenciam a Michael Jackson, que estava disposto a cobrar 300 mil dólares por música. Ao todo, a produção gastaria quase 5 milhões, o que teria sido a trilha mais cara da história de Hollywood. O jeito foi regravar os clássicos de Lennon e McCartney com diversos artistas. E o plano B foi brilhantemente executado, o álbum com a *soundtrack* do filme, lançado em janeiro de 2001, não por acaso concorreu ao Grammy.

Destaque para algumas faixas: "Two of Us", cantada pela dupla Aimee Mann e Michael Penn, irmão de Sean; "Across The Universe", quase um lamento de Rufus Wainwright; The Wallflowers atacam o clássico "I'm Looking Through You", do álbum *Rubber Soul*; e os Stereophonics mandam excelente uma versão acústica de "Don't Let Me Down". A trilha ainda traz o roqueiro Eddie Vedder em "You've Got To Hide Your Love Away", Ben Harper em "Strawberry Fields Forever" e Sheryl Crow em "Mother Nature's Son". Outro sucesso como "Help", "Revolution" e "Let It Be" de tão irreconhecíveis, soam interessantes.

Michael Penn

"Two of Us", cantada pela dupla Aimee Mann e Michael Penn, irmão de Sean

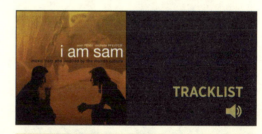

TRACKLIST 🔊

01. Two of Us - Aimee Mann and Michael Penn
02. Blackbird - Sarah McLachlan
03. Across the Universe - Rufus Wainwright
04. I'm Looking Through You - The Wallflowers
05. You've Got to Hide Your Love Away - Eddie Vedder
06. Strawberry Fields Forever - Ben Harper
07. Mother Nature's Son - Sheryl Crow
08. Golden Slumbers - Ben Folds
09. I'm Only Sleeping - The Vines
10. Don't Let Me Down - Stereophonics
11. Lucy in the Sky with Diamonds - The Black Crowes
12. Julia - Chocolate Genius
13. We Can Work It Out - Heather Nova
14. Help! - Howie Day
15. Nowhere Man - Paul Westerberg
16. Revolution - Grandaddy
17. Let It Be - Nick Cave

Escola de Rock
2003 (School of Rock)

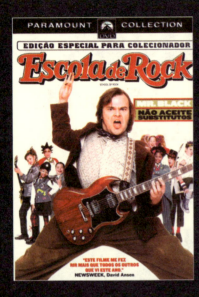

 O FILME

Esta é mais uma irresistível comédia musical de Jack Black. Na trama roqueira, o gordinho mais figura do cinema é Dewey Finn, um guitarrista que acaba de ser expulso da sugestiva banda No Vacancy. Sem ter onde ficar, enfia-se na casa do amigo e ex-colega da aventuras musicais Ned Schneebly (Mike White), que mora com uma intransigente namorada. Patty Di Marco (Sarah Silverman), a tal namorada, não aguenta mais ver Ned sustentando Finn e começa a fazer pressão. Acuado, o parasita acaba enfiando os pés pelas mãos quando resolve se passar pelo amigo e aceita um convite para dar aulas como professor substituto no colégio Horace Green.

Uma vez lá, descobre que a criançada leva jeito para música e monta uma banda para concorrer na Batalha de bandas, uma espécie de festival de música. A diretora Rosalie Mullins (Joan Cusack) e os pais das crianças, claro, não sabem de nada, até o dia em que o professor fajuto é impiedosamente desmascarado pela namorada mala do melhor amigo. Em tempo: Mike White, que faz o banana Ned Schneebly no longa, é o autor do roteiro que foi escrito especificamente para Jack Black. No fim das contas, todos se divertem com a banda formada pela garotada, inclusive o público da batalha musical, que termina o filme aos gritos de "Escola do *rock*! Escola do *rock*! Escola do *rock*!"

Escola de Rock

Angus Young

🎵 A TRILHA

Para a trilha sonora, Richard Linklater, diretor do filme, recrutou pelos Estados Unidos garotos virtuosos de 13 anos para tocar nas faixas do disco, que foi indicado ao Grammy em 2004. É bom dizer aqui que a garotada realmente toca os instrumentos nas cenas e as meninas do *backing vocal* estão cantando para valer. Jack Black, apesar de não ter feito os solos com sua indefectível Gibson SG, colocou guitarras no filme nas citações de "Smoke On The Water" e "Iron Man", por exemplo. "School of *Rock*", a música que no filme foi composta por Zach (Joey Gaydos), uns dos alunos de Dewey, na verdade foi composta por Sammy James Jr., vocalista do grupo The Mooney Suzuki, que aparece rapidamente no *backstage* do concurso.

Em tempo: a banda nova-iorquina emprestou seus músicos para as gravações de apoio da trilha de *Escola do Rock*. Trilha que, aliás, é recheada de clássicos do *rock*, apesar do roteirista Mike White não ser exatamente um fã do gênero. Uma história curiosa é a liberação da música "Immigrant Song", do Led Zeppelin. O grupo de Robert Plant e Jimmy Page é mundialmente famoso por não emprestar canções para uso comercial. Sabendo disso, o diretor Richard Linklater fez com que Jack Black implorasse pela cessão da faixa com mil fãs da banda gritando ao fundo. A ideia não só funcionou como foi parar nos extras do DVD. No mais, o longa é cheio de referências roqueiras: Dewey Finn, personagem de Jack Black, usa uma Gibson SG Standard, guitarra que ficou famosa nas mãos de Jimmy Page e de Angus Young, do AC/DC. O grupo australiano é endeusado no filme, e ganhou até um *cover* da garotada, "It's a Long Way To The Top (If You Wanna *Rock* 'n' Roll)" aparece nos créditos finais. Isso sem falar no figurino de Black, claramente inspirado no visual colegial de Angus Young.

Outra referência *pop* é o método de ensino adotado pelo professor aloprado, que termina as explicações musicais cantarolando "That's right, I was testing you, it's nine… and that's a magic number" [Está certo, eu só estava testando você. É nove… e este é um número mágico]. A frase foi tirada da série animada de TV *Schoolhouse Rock!*, exibida nos Estados Unidos nas manhãs dos anos 1970 e 1980 pela ABC. O programa ensinava gramática, história e matemática por meio de canções. Além dos já citados Led Zeppelin e AC/DC, também estão na *soundtrack* The Who, The Doors, Cream e Ramones.

TRACKLIST 🔊

01. School of *Rock* - School of *Rock*
02. Your Head and Your Mind and Your Brain - Jack Black
03. Substitute - The Who
04. Fight - No Vacancy
05. Touch Me - The Doors
06. I Pledge Allegiance to the Band… - Jack Black
07. Sunshine of Your Love - Cream
08. Immigrant Song - Led Zeppelin
09. Set You Free - The Black Keys
10. Edge of Seventeen - Stevie Nicks
11. Heal Me, I'm Heartsick - No Vacancy
12. Growing On Me - The Darkness
13. Ballrooms of Mars - T. Rex
14. Those Who Can't Do… - Jack Black
15. My Brain Is Hanging Upside Down (Bonzo Goes to Bitburg) - The Ramones
16. T.V. Eye - Wylde Rattz, covering Iggy and the Stooges
17. It's a Long Way to the Top (If You Wanna *Rock* 'n' Roll) - School Of *Rock*, covering AC/DC

Ray
2004 (Ray)

O FILME

Jamie Foxx esteve tão convincente na cinebiografia de Ray Charles que levou para casa o Oscar de melhor ator. O longa de 2004 conta a turbulenta história da lenda do R&B/soul/blues desde a infância, quando ficou cego aos 7 anos de idade devido a um severo glaucoma, passando pelas incontáveis amantes, o envolvimento com drogas e, claro, o merecido reconhecimento artístico.

O filme demorou quase 20 anos para sair do papel. O diretor Taylor Hackford comprou os direitos para levar a vida de Ray Charles às telas em 1987, mas nenhum estúdio quis financiar a empreitada. Hackford acabou filmando de forma independente, e só depois de ver a película pronta a Universal topou fazer a distribuição.

Ray em pessoa acompanhou boa parte do processo: a escolha de Jamie para o papel principal, leu o roteiro em braile e chegou a assistir ao chamado primeiro-corte. O cantor morreu dia 10 de junho de 2004, pouco tempo antes da estreia do longa nos cinemas.

Uma das **trilhas** *sonoras mais* **bem-sucedidas** *da história do* **cinema**.

Ray

🎵 A TRILHA

A *soundtrack* é um desfile de 17 clássicos de Ray Charles Robinson, como: "I've Got a Woman", "(Night Time Is) The Right Time", "Georgia On My Mind", "*Hit* The Road Jack," e "Let The Good Times Roll". As versões do disco da trilha sonora são as originais, cantadas pelo próprio Ray, mas Jamie Foxx toca de verdade em todas as cenas em que aparece ao piano. Aliás, o ator fez um senhor laboratório para incorporar o músico no longa: passava o dia no *set* usando uma prótese que o deixava 14 longas horas sem enxergar de verdade, teve aulas de braile e visitava constantemente Ray Charles, então com 73 anos de idade.

Os dois chegavam a tocar pianos juntos para que Foxx pudesse caprichar na mímica. "Eu imitava Ray às vezes na intimidade, nada que tenha passado na TV ou coisa do tipo. Mas justamente por isso eu tinha noção que conseguiria encarar o desafio", conta o ator. "Quando conheci Ray, ele pegou minhas mãos e disse: 'ei, deixe-me ver esses dedos... você tem dedos fortes'. Então sentamos ao piano e tocamos uns *blues*. De novo, ele disse: 'Se você pode tocar o *blues*, pode fazer qualquer coisa'. Depois disso fiquei mais confiante", finaliza Jamie Foxx.

Curiosidades sobre algumas canções da trilha: "Mess Around", lançada como *single* em 1953, foi o primeiro grande sucesso de Ray Charles. A música é de Ahmet Ertegun, presidente da Atlantic Records, gravadora que contratou o cantor. Mas o topo das paradas só foi alcançado em 1955, com "I Got a Woman", gravada no ano anterior. A música, parceria de Ray com o trompetista Renald Richard, foi inspirada no hino gospel "Jesus Is All The World To Me". Em 1960, depois de cantarolar a música no carro e ganhar a aprovação do motorista, Ray gravou "Georgia On My Mind" para o álbum *The Genius Hits the Road*, composta em 1930 pela dupla Hoagy Carmichael e Stuart Gorrell.

Apesar de provavelmente ter sido feita para uma mulher, em 1979, virou a canção oficial do estado da Georgia. "*Hit* The Road Jack" foi escrita em 1961 por Percy Mayfield, um cantor de R&B amigo de Ray que ficou com o rosto desfigurado após um acidente de carro, logo no início de sua carreira. Foi o segundo *hit* de Charles a ficar em primeiro lugar nas paradas.

Outro baita sucesso presente na *soundtrack* é "Unchain my heart", escrita por Bobby Sharp e gravada por Charles e suas Raelettes (grupo de *backing vocals*) também em 1961. Trini Lopez regravou em 1963 e, já em 87, a versão de Joe Cocker colocou de novo a música nas paradas. A música incidental, vencedora de um Grammy, ficou por conta do compositor Craig Armstrong. O álbum também levou o Grammy de melhor compilação para filme. Ao todo, o longa levou 38 prêmios e teve outras 37 indicações em diversas categorias.

Ray Charles

TRACKLIST 🔊

01. Mess Around - Ray Charles
02. I Got a Woman - Ray Charles
03. Hallelujah I Love Her So (Live) - Ray Charles
04. Drown in My Own Tears - Ray Charles
05. Night Time is the Right Time - Ray Charles
06. Marianne - Ray Charles
07. Hard Times - Ray Charles
08. What'd I Say (Live) - Ray Charles
09. Georgia On My Mind - Ray Charles
10. *Hit* the Road Jack - Ray Charles
11. Unchain My Heart - Ray Charles
12. I Can't Stop Loving You - Ray Charles
13. Born to Lose - Ray Charles
14. Bye Bye Love - Ray Charles
15. You Don't Know Me (Live) - Ray Charles
16. Let the Good Times Roll (Live) - Ray Charles
17. Georgia On My Mind - Ray Charles

Johnny & June
2005 (Walk the Line)

 O FILME

Joaquin Phoenix é Johnny Cash na cinebiografia levada às telas em 2005, e o ator foi escolhido para o papel pelo próprio cantor. O longa narra sua juventude em uma fazenda de algodão, passa pelo início do sucesso em Memphis, onde gravou com Elvis Presley, Jerry Lee Lewis e Carl Perkins, até chegar na apaixonada e turbulenta relação com June Carter (Reese Witherspoon, por sua vez, foi escolhida pela esposa de Cash), o grande amor de sua vida.

O roteiro, de Gill Dennis e James Mangold, que também dirigiu o filme, foi baseado no livro Johnny Cash de Johnny Cash e Patrick Carr. O filme, rodado após a morte do casal (Jonny morreu 4 meses após June, ambos em 2003), foi distribuído pela 20th Century Fox Film Corporation. O nome foi inspirado na canção "I Walk The Line", composta por Cash na estrada para sua primeira mulher, Vivian.

Reese Witherspoon e Joaquin Phoenix fizeram 6 meses de aulas de canto com o produtor musical T-Bone Burnett. Tanto esmero na preparação fez com que as cenas de *shows* e afins fossem cantadas pelo atores ao invés de dubladas, como é usual em biografias musicais levadas ao cinema. Para dar ainda mais veracidade às atuações, o casal de atores aprendeu também a tocar os respectivos instrumentos: violão e auto-harpa, uma espécie de cítara muito usada no *country* dos anos 50 e dificílima de ser tocada.

Nos meses que antecederam as filmagens, enquanto Joaquin Phoenix ralava na preparação, os músicos que integravam a banda do filme precisaram subir os tons das canções, já que o ator não alcançava o grave registro vocal de Cash. Mas, perto do início das filmagens, aconteceu o inesperado: Phoenix conseguiu chegar no ponto certo, e a banda passou a tocar o repertório nos tons originais e o diretor James Mangold respirou aliviado.

Joaquin Phoenix e Reese Witherspoon

Johnny & June

🎵 A TRILHA

No disco com a trilha sonora vencedora do Grammy lançado em 15 de novembro de 2005 constam 16 faixas, 9 delas cantadas por Joaquin Phoenix e outras 4 por Reese Witherspoon. A faixa multimídia do CD ainda traz duas cenas que acabaram cortadas da versão exibida nos cinemas, uma delas com Phoenix interpretando "*Rock 'n' roll ruby*". Até março de 2006, a *soundtrack* havia passado de meio milhão de cópias vendidas.

Johnny Cash

T-Bone Burnett

Reese Witherspoon e **Joaquin Phoenix** fizeram 6 meses de **aulas de canto** com o produtor musical **T-Bone Burnett**

TRACKLIST 🔊

01. Get Rhythm - Joaquin Phoenix
02. I Walk the Line - Joaquin Phoenix
03. Wildwood Flower - Reese Witherspoon
04. Lewis Boogie - Waylon Payne
05. Ring of Fire - Joaquin Phoenix
06. You're My Baby - Johnathan Rice
07. Cry Cry Cry - Joaquin Phoenix
08. Folsom Prison Blues - Joaquin Phoenix
09. That's All Right - Tyler Hilton
10. Juke Box Blues - Reese Witherspoon
11. It Ain't Me Babe - Joaquin Phoenix/Reese Witherspoon
12. Home of the Blues - Joaquin Phoenix
13. Milk Cow Blues - Tyler Hilton
14. I'm a Long Way from Home - Shooter Jennings
15. Cocaine Blues - Joaquin Phoenix
16. Jackson - Joaquin Phoenix/Reese Witherspoon

Apenas uma vez
2006 (Once)

 O FILME

Lembra de Glen Hansard, o guitarrista magrelo, cabeludo e loiro de *The Commitments*? Pois ele está de volta num filme irlandês, independente, filmado em apenas 17 dias e que levou o Oscar de melhor trilha sonora.

Na trama, Glen é um talentoso, porém inseguro músico de rua, que só toca suas próprias composições tarde da noite, quando já não há quase ninguém para ouvir. Até que um dia ele encontra uma jovem tcheca (Markéta Inglová), filha de músicos, que vende rosas para sustentar a mãe e a filha pequena. Encantada com o talento do novo amigo, a pianista nas horas vagas se aproxima do tímido trovador e acaba sendo responsável pela realização do grande sonho do compositor.

A história é levemente inspirada na vida de John Carney, diretor e roteirista do longa (também ex-colega de Glen no grupo The Frames), que viveu em Dublin enquanto mantinha um relacionamento à distância com a namorada, que vivia em Londres. No filme, a namorada do personagem de Hansard também estava em Londres.

Apenas uma vez

🎵 A TRILHA

A princípio, Glen Hansard foi sondado por Carney apenas para compor a trilha, mas acabou ficando com o papel. "John mandou umas 20 páginas do roteiro e depois me convidou para almoçar. Como eu tinha um passado de músico de rua, ele queria aproveitar essa experiência para a trilha sonora, o que seria uma grande oportunidade", conta Hansard. "Não estava nos meus planos atuar, nunca tive essa ambição de ser ator, participei de *The Commitments* nos anos 1980 e particularmente não me diverti muito. Nunca quis ser o cara que faz uns filmes e toca umas musiquinhas", confessa o contrariado cantor-ator.

O fato é que, graças à belíssima *soundtrack* de *Apenas uma vez*, Glen Hansard faturou o prêmio de melhor canção original da Academia com a música "Falling Slowly", ouvida pela primeira vez no filme quando a personagem de Markéta leva compositor a uma loja de instrumentos musicais, onde ele descobre o talento musical da amiga tcheca.

A canção "Broken Hearted Hoover Fixer Sucker Guy", faixa três da trilha, foi filmada num momento espontâneo durante a filmagem da cena do ônibus, quando Glen conta à Markéta sobre a relação mal resolvida com sua ex. O diretor gostou tanto do resultado que o *take* da música foi parar no disco. Destaque também para "When Your Mind's Made up", a primeira a ser registrada na sequência da demo em estúdio e "Fallen From The Sky", singela balada gravada com um pianinho de criança. "Leave", nona faixa do álbum, acabou sendo cortada do filme; o diretor achou que já havia músicas suficientes.

O sucesso da trilha rendeu à dupla um convite e tanto: Bob Dylan, fã declarado do filme, escalou Glen Hansard e Markéta Irglová para os *shows* de abertura da turnê de 2007. Hansard e Irglová também gravaram a música "You Ain't Goin' Nowhere" para o longa *Não Estou Lá*/2007, onde diversos atores interpretam Dylan. Depois de *Apenas uma vez*, Glen e Markéta Irglová decidiram não atuar mais e concentrar todas as atenções na música.

Glen Hansard

O sucesso da trilha rendeu à dupla um convite e tanto: Bob Dylan, fã declarado do filme, escalou Glen Hansard e Markéta Irglová para os shows de abertura da turnê de 2007

TRACKLIST 🔊

01. Falling Slowly - Glen Hansard, Markéta Irglová
02. If You Want Me - Irglová
03. Broken Hearted Hoover Fixer Sucker - Guy Hansar
04. When Your Mind's Made Up - Hansard, Irglová
05. Lies - Hansard, Irglová
06. Gold Interference - Fergus O'Farrell
07. The Hill - Irglová
08. Fallen from the Sky - Hansard
09. Leave - Hansard
10. Trying to Pull Myself Away - Hansard
11. All the Way Down - Hansard
12. Once - Hansard, Irglová
13. Say It to Me - Now Hansard

193

Letra & Música
2007 (Music and Lyrics)

🎥 O FILME

Se comédia romântica com Hugh Grant já é tiro certo, tendo como par uma das atrizes mais queridinhas de Hollywood, então, chega a ser covardia. Drew Barrymore faz par com o ator inglês num filme musical, simpático e bem-sacado. Grant é Alex Fletcher, um decadente astro *pop* que fez muito sucesso nos anos 1980 e vive de apresentações em versões americanas das festas estilo Trash 80's e Ploc. Até que uma oportunidade cai do céu: Cora Corman (Haley Bennet), diva do *pop* no longa – uma espécie de Britney Spears versão hipponga – encomenda um dueto ao ultrapassado cantor.

O problema é que Fletcher não sentava para escrever nada desde os anos 1980, além de nunca ter sido letrista. É aí que Sophie Fisher (Drew Barrymore), uma "jardineira" improvisada, entra em cena para salvar a pátria.

Letra & Música

Hugh Grant estava decidido: **não cantaria** nada no longa. Mas **durante as filmagens**, de tanto praticar as músicas em estúdio, fez um **anúncio surpreendente**: disse que **cantaria a música-tema** na cena final do *show* ao vivo.

Hugh Grant

🎵 A TRILHA

Hugh Grant estava decidido: não cantaria nada no longa. Mas durante as filmagens, de tanto praticar as músicas em estúdio, o inglês ficou tão seguro que fez um anúncio surpreendente: disse que cantaria a música-tema na cena final do *show* ao vivo.

Claro que "Way Back Into Love" foi pré-gravada e dublada, para o bem do filme e alívio de todos. Por falar em "Way Back Into Love", o responsável pela música é Adam Schlesinger, o mesmo compositor por trás de "That Thing You Do!" e de grande parte da bem-sucedida trilha do filme *The Wonders*. De volta às habilidades musicais de Hugh Grant, é bom dizer aqui que o ator chegou a aprender piano quando criança, foi aluno da mãe de Andrew Lloyd Webber, autor de musicais como *O Fantasma da Ópera*. Acontece que o inglês acabou deixando o instrumento de lado e praticamente desaprendeu a tocar. Para o filme, ele teve algumas aulas principalmente para as cenas de tomada aberta, onde aparecia com as mãos no teclado. Mesmo assim Grant foi dublado ao piano pelo instrutor de canto Michael Rafter. Já para as impagáveis dancinhas do grupo fictício *Pop!*, quem deu uma força ao ator foi o coreógrafo Martin Fry.

Drew Barrymore, que só aparece cantando no processo de composição e na gravação da demo (fita demonstração), também teve aulas de canto para atuar em *Letra & Música*.

TRACKLIST

01. Pop Goe's My Heart - Hugh Grant
02. Buddha's Delight - Haley Bennett
03. Meaningless Kiss - Hugh Grant
04. Entering Bootytown - Haley Bennett
05. Way Back Into Love - (remix)
06. Tony the Beat - The Sounds
07. Dance With Me Tonight - Hugh Grant
08. Slam - Haley Bennett
09. Don't Write Me Off - Hugh Grant
10. Way Back Into Love - Hugh Grant and Drew Barrymore
11. Different Sound - Teddybears
12. Love Autopsy - Hugh Grant

O FILME

Nos anos 1980, uma produtora chamada Judy Craimer achou que as músicas do ABBA dariam um belo fio condutor para um musical. "Eu sentia que as músicas eram muito dramáticas, como se tivessem sido escritas para um musical". Na época, Björn Ulvaeus e Benny Andersson, dupla de compositores do quarteto sueco, não deram muita bola. Só no final dos anos 1990 a dramaturga Catherine Johnson foi escrever o livro que daria origem ao espetáculo. E foi em 1999, mais precisamente no dia 6 de abril, que *Mamma Mia!* debutou nos palcos londrinos. Em 2001, foi a vez da Broadway receber o musical e, em 2008, a história de Sophie finalmente virou filme.

Sophie (Amanda Seyfried) é uma garota de 20 anos que vive com a mãe, Donna (interpretada por Meryl Streep), numa ilha da Grécia e que não conhece o pai. Lendo o diário da mãe, descobre que Donna se relacionou com três homens diferentes num curto espaço de tempo e que pode ser filha de qualquer um dos três. Escondida, convida os ex-amantes da mãe para seu casamento. Tudo para tentar descobrir qual deles é seu pai, coisa que nem Donna sabe ao certo.

Mamma Mia! – O filme

O musical – financeiramente o mais bem-sucedido da história – já passou por países como Alemanha, Espanha, Suécia, Japão, Rússia, Turquia e Brasil. Atualmente, um elenco itinerante faz apresentações por toda parte dos Estados Unidos. O longa arrecadou mais de U$500 milhões no mundo todo e virou sucesso de vendas em DVD. "Eu sei e sinto que as canções são boas, mas sem esse jeito divertido e inteligente com que foram reunidas, isso não poderia ter acontecido", disse Benny à época do lançamento do filme.

♪ A TRILHA

O filme, batizado pela música homônima do ABBA, de 1976, é um desfile de *hits* do grupo sueco: "Super Trouper", "Dancing Queen", "Knowing Me, Knowing You", "Thank You For The Music", "Money, Money, Money", "The Winner Takes It All", "Voulez Vous", "I Have a Dream" e "SOS", além, claro, da canção título.

"Ao todo, 27 canções do ABBA foram usadas para amarrar a história, mas não é a história do ABBA", explica Björn. "Uma vez eles me disseram: é o musical que não sabiam que tinham escrito", completa.

> **O filme**, batizado pela música **homônima do ABBA**, de 1976, é um desfile de *hits* do grupo sueco

Almanaque da Música Pop no Cinema

A estreia do musical em Estocolmo, capital da Suécia, fez com que os quatro integrantes originais do grupo se reunissem pela primeira vez em vinte anos. Mas, na prática, só Björn e Benny se envolveram na produção musical do longa; eles regravaram as músicas para que parte do elenco colocasse as vozes. É possível identificar a dupla de compositores tocando misturados aos figurantes em algumas cenas do filme. "Ok, vamos fazer esse filme, mas quero ser responsável por como ficará o audio no fim", disse Benny. O compositor convocou os integrantes originais que acompanham o ABBA ao vivo nas turnês para a regravação das canções. "Era a primeira vez que eu tocava as músicas em muito tempo; não sento ao piano em casa e fico tocando 'Dancing Queen'. Achei que levaríamos cerca de três semanas para gravar tudo, mas fizemos em cinco dias; todo mundo lembrava de tudo, é impressionante como eu tinha as harmonias e melodias nos dedos ainda", confessa Benny, surpreso.

A preparação vocal dos atores merece um parágrafo à parte. A dupla de compositores do ABBA se confessou insegura quanto à performance musical do elenco. "Havia um pouco de tensão no início", brinca Björn. Benny foi à Nova York para conhecer Meryl Streep e fazer uma sessão de ensaios, que acabou sendo um alívio para ambas as partes. "Quando terminou ficamos exultantes porque sabíamos que era possível que funcionasse", comemora a atriz.

Já para o núcleo masculino, a simples ideia de cantar músicas do ABBA era aterrorizante. "Meu agente ligou e perguntou: você sabe cantar? E eu disse: não. Mas quando soube que era *Mamma Mia!*, voltei atrás e disse sim. Afinal, no cinema dá até para voar, você pode ser o Super-homem!", diverte-se Stellan Skarsgård, o Bill da trama. "Eu nunca fiquei tão nervoso num trabalho", entrega o ex-007, Pierce Brosnan, o Sam de *Mamma Mia!*. Colin Firth, que interpreta o Harry do longa, completa o coro dos desesperados: "Tinham reservado para mim três dias de estúdio para gravar uma música de três minutos, não era bom sinal". "Mas no fim das contas deu tudo certo. Benny e Björn foram muito gentis e motivadores, nos deixaram à vontade", completa Skarsgård. "Aquilo aconteceu mesmo? Eu estava no estúdio vendo Benny e Björn por trás do vidro?", se pergunta Amanda Seyfried, encantada.

Meryl Streep

Benny foi à Nova York para conhecer Meryl Streep e fazer uma sessão de ensaios

> Primeiro musical com músicas da dupla de compositores do ABBA foi *Chess*, de 1984. Tim Rice teve a ideia de musicar a história sobre um triângulo amoroso com o pano de fundo da Guerra Fria e procurou o Andrew Lloyd Webber, que andava ocupado com *Cats*. Richard Vos, um produtor de espetáculos, sugeriu que Rice tentasse Björn e Benny, o que acabou acontecendo depois de certa hesitação do famoso letrista. *Chess* foi montado cerca de 17 vezes e, assim como *Mamma Mia!*, é encenado até hoje.

Mamma Mia! – O filme

O estúdio a que Amanda se refere era originalmente uma igreja de 1880, transformada em sala de gravação em 1992 por ninguém menos que George Martin, produtor dos Beatles. Mas nem todos os vocais foram feitos em estúdio. Mary Streep, por exemplo, cantou muitas partes ao vivo, durante as tomadas. Na famosa cena do penhasco, ao som de "The Winner Takes It All", muito do "som direto" foi aproveitado; nos trechos onde a ventania atrapalhou, foi usada a voz pré-gravada. "Tem muita mistura no filme, é um *blend*", esclarece a diretora Phyllida Lloyd.

Colin Firth

Colin Firth:

"Tinham reservado para mim **três dias de estúdio** para gravar **uma música** de três minutos, **não era bom sinal**"

TRACKLIST

01. Honey, Honey - Amanda Seyfried
02. Money, Money, Money - Meryl Streep
03. Mamma Mia - Meryl Streep
04. Dancing Queen - Meryl Streep
05. Our Last Summer - Colin Firth
06. Lay All Your Love On Me - Dominic Cooper
07. Super Trouper - Meryl Streep
08. Gimme! Gimme! Gimme! (A man after midnight) - Amanda Seyfried
09. The Name Of The Game - Amanda Seyfried
10. Voulez-Vous - Cast Of Mamma Mia The Movie
11. SOS - Pierce Brosnan
12. Does Your Mother Know - Christine Baranski
13. Slipping Through My Fingers - Meryl Streep
14. The Winner Takes It All - Meryl Streep
15. When All Is Said And Done - Pierce Brosnan
16. Take A Chance On Me - Julie Walters
17. I Have A Dream - Amanda Seyfried
18. Thank You For The Music - Amanda Seyfried

O Lutador
2008 (The Wrestler)

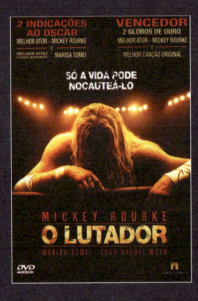

🎥 O FILME

A história do lutador decadente em busca de dignidade interpretado por Mickey Rourke é quase uma autobiografia. Depois de muito tempo longe de papéis relevantes no cinema, o ex-galã ressurge das cinzas em grande estilo na pele do lutador de luta livre Randy "The Ram" Robinson. A convincente *performance* valeu a Rourke uma indicação na categoria de melhor ator no Oscar de 2009. O par romântico do ator na trama dirigida por Darren Aronofsky é a stripper Cassidy, Marisa Tomei, também indicada ao Oscar pela atuação. Ela tenta ajudar Randy a se reaproximar da filha Stephanie, interpretada por Evan Rachel Wood.

O filme é baseado no livro que Robert Siegel, roteirista do longa, escreveu sobre Randy "The Ram" Robinson, astro da luta-livre nos anos 1980 que tenta voltar à ativa depois de um infarto. Robinson tenta mudar de vida e arrumar um emprego convencional, até que surge uma proposta irrecusável: lutar com o seu maior rival, o Aiatolá.

O Lutador

🎵 **A TRILHA**

Bruce Springsteen

Por incrível que pareça, logo a música que dá nome original do filme, "The Wrestler", não está no álbum da trilha. No longa, a canção de Bruce Springsteen aparece nos créditos finais. A história é a seguinte: mesmo sem verba alguma para uma música-tema, Mickey Rourke resolveu escrever para Springsteen. "Depois de 6 dias de filmagem o clima no *set* estava tão bom, eu estava tão satisfeito, que tomei coragem e escrevi para Bruce", conta o ator. "Algum tempo depois de ler o *script*, ele retornou dizendo 'escrevi uma coisinha aqui'. Ouvi sem parar umas 100 vezes, ele realmente captou o personagem, foi uma grande honra para mim", completa Rourke. A faixa deu a Springsteen seu segundo Globo de Ouro na categoria de melhor canção, o primeiro foi em 1994 com "Streets of Philadelphia".

Ainda sobre "The Wrestler", Bruce disse em janeiro de 2009: "é uma canção sobre as pancadas que a gente leva, sobre a dificuldade de levar uma vida normal, de fugir do que é natural para você. Passamos a vida correndo disso. Foi muito natural para mim, estou sempre correndo, é uma das minhas especialidades". A música está no disco *Working on a Dream*.

Axl Rose, também sensibilizado com o modesto orçamento da película, cedeu o maior clássico dos Guns N' Roses para a *soundtrack*: "Sweet Child O'Mine" pode ser ouvida quando Randy Robinson entra no ringue na última luta do filme. A canção está para The Ram como "Eye Of The Tiger" para Rocky Balboa. Detalhe: a música também não aparece no disco da trilha, que conta ainda com a nata do metal farofa dos anos 1980: Scorpions, Firehouse e Cinderella. O compositor Clint Mansell assina a música incidental. Slash, ex-colega de Axl no Guns, colocou algumas guitarras nos temas instrumentais do longa.

A faixa deu a Springsteen seu segundo Globo de Ouro

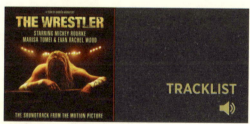

TRACKLIST 🔊

01. Bang Your Head (Metal Health) 2006 - Quiet Riot
02. Don't Know What You Got (Till It's Gone) - Cinderella
03. Stuntin' Like My Daddy - Birdman & Lill Wayne
04. Don't Walk Away - Firehouse
05. *Soundtrack* To A War: Welcome To Hell - Rhinobucket
06. Blowin' Up - Solomon
07. Mirror - Dead Family
08. Round And Round - Ratt
09. Dangerous - Slaughter
10. I'm Insane - Ratt
11. Balls To The Wall - Accept
12. Animal Magnetism – Scorpions

O FILME

O que quase todo jornalista de mídia impressa deseja é um dia virar colunista. Escrever sobre os acontecimentos do dia a dia no relativo sossego da redação ou até mesmo de casa, poder opinar, comentar os fatos sem a pauleira de cobrir notícias no dia a dia. Meio a contragosto, é justamente isso que o John (Owen Wilson) consegue, e sempre teve um bom retorno dos leitores, mas quando o tema de um de seus artigos foi o seu cão Marley, sua caixa postal ficou entupida de e-mails e ele percebeu ali que poderia contar a história toda e colocá-la num livro.

O filme é baseado no *best seller* de mesmo nome escrito por John Grogan. A história começa quando John aceita o conselho de Sebastian (Eric Dane), um colega de trabalho, e compra um cão para a esposa como uma espécie de laboratório; o casal estava em dúvidas se estavam prontos para ter um filho. Grogan acha interessante a ideia de começar a família por um cão sem imaginar o caos que o cachorro provocaria ao virar a vida do casal de pernas pro ar.

O filme seguiu a trajetória de sucesso do livro e virou um campeão de bilheteria: foi lançado nos Estados Unidos e no Canadá no dia 25 de dezembro de 2008 e estabeleceu um recorde de Natal arrecadando 14,75 milhões de dólares.

Marley e Eu

🎵 A TRILHA

Logo de cara, numa das primeiras cenas, rola "Shiny Happy People", sucesso do R.E.M. de 1991. O título foi inspirado no cartaz de uma propaganda chinesa que dizia "Shiny happy people holding hands". Curiosidade: "Shiny happy people" também aparece no documentário *Fahrenheit 9/11*, de Michael Moore, na cena em que George Bush faz pose para os fotógrafos apertando a mão dos árabes. A música conta com a participação especial de Kate Pierson, *backing vocal* de uma outra banda da Georgia, o B-52's.

O grupo Hootie & The Blowfish também participa da trilha, com um de seus maiores sucessos: "Only Wanna Be With You". O *hit* é de 1994, do disco *Cracked Rear View*, um dos álbuns mais vendidos de todos os tempos e que ganhou o disco de platina dezesseis vezes. Bob Marley também aparece na *soundtrack* com "One Love", um *reggae* paz & amor do disco *Exodus*, de 1977. Ainda da trilha: The Verve, com "Rather Be" e "Lucky Man".

O único CD disponível é com as músicas incidentais compostas por Theodore Shapiro, que também assinou a trilha de outro filme do diretor David Frankel, de *O diabo veste Prada*. As partes instrumentais foram gravadas com a Hollywood Studio Symphony no Newman Scoring Estágio, que fica na 20th Century Fox.

Como o filme não tem uma *soundtrack* oficial, eis aqui uma sugestão.

R.E.M.

Logo de cara, numa das primeiras cenas, rola **"Shiny Happy People"**, sucesso do **R.E.M. de 1991**

Hootie & The Blowfish

TRACKLIST 🔊

01. Shiny Happy People - R.E.M.
02. One Love - Bob Marley
03. Decepcion - Tech-i-LA
04. Rockin' the Suburbs (Over the Hedge Version) - Ben Folds
05. Only Wanna Be With You - Hootie & The Blowfish
06. Cantaloop (Flip Fantasia) - US3 featuring Rahsaan and Gerard Presencer
07. Lithium - Bruce Lash
08. Bob The Builder: Intro Theme Song
09. Rather Be - The Verve
10. Lucky Man - The Verve
11. Happy Birthday
12. River Song - Dennis Wilson

Homem de Ferro

2008 (Iron Man)

 O FILME

Um rolo danado. Mesmo com a constrangedora versão de *Capitão América* levada às telas em 1990, estrelada por Matt Salinger, a Universal Studios resolveu adquirir os direitos de um outro personagem da Marvel, o Homem de Ferro. Em 1996 a 20th Century Fox entrou na jogada, Nicolas Cage e Tom Cruise chegaram a se interessar pelo papel de Tony Stark mas, como Quentin Tarantino não topou as condições para assinar a direção da encrenca, em 1999 a New Line Cinema assumiu o projeto. Mais uma vez, nada feito, até que em 2004 os direitos foram devolvidos à Marvel.

Jon Favreau, que vinha do mediano Demolidor com Ben Affleck, foi o diretor escolhido. Com referências de James Bond, RoboCop e Batman Begins, Favreau queria um anônimo para o papel de Tony Stark, mas Robert Downey Jr., fã declarado do personagem, ficou com a vaga por ter "seus piores e melhores momentos às vistas do público" e também por ser capaz de criar um "canalha simpático". O intérprete de Charles Chaplin no cinema malhou 5 dias por semana e treinou artes marciais durante meses para entrar em forma e ficar bem na armadura.

O longa conta a origem do personagem, que foi mudada do Vietnã para o Afeganistão, o que deu uma atualizada na história. Para fugir do cativeiro depois de ter sido capturado por um grupo terrorista em uma emboscada, o empresário *playboy* e engenheiro Tony Stark constrói um exoesqueleto energizado e acaba virando um super-herói *high-tech*.

Homem de Ferro

🎵 A TRILHA

Lançada em 6 de maio de 2008 pela gravadora Lionsgate, Iron Man Original Motion Picture *Soundtrack* é a trilha sonora original do filme composta por Ramin Djawadi e produzido por Hans Zimmer. Tom Morello, guitarrista do Rage Against the Machine, colabora com Djawadi e ainda faz uma pontinha de segurança no filme.

Para a trilha *pop*, que não consta no CD oficial, a escolha era óbvia: "Iron Man", sucesso dos anos 1970 do Black Sabbath. Mas é bom que se diga que, apesar da inevitável associação, a música não tem nada a ver com o personagem. Mas o clássico do grupo inglês acabou dando um tom roqueiro à *soundtrack*.

O título da faixa do álbum *Paranoid* foi ideia de Ozzy Osbourne, mas originalmente se chamava "Iron Bloke". Quando ouviu o *riff* de guitarra, disse "suave como um grande sujeito de ferro andando por aí". Mesmo assim, não era uma referência direta ao herói criado por Stan Lee e Jack Kirby em 1963.

Back in Black, do AC/DC, também aparece na trilha do primeiro filme da série. É a faixa-título do álbum de *rock* mais vendido de todos os tempos, lançado em 1980 e relançado em duas oportunidades, 1997 e 2003. A música é uma espécie de homenagem ao vocalista Bon Scott, encontrado morto dentro de um carro depois de uma noite de bebedeira. A tragédia quase colocou um ponto final na história do grupo, mas Brian Johnson acabou assumindo os vocais e fez o AC/DC ressurgir. *Back in Black* pode ser traduzido como "de volta do luto".

Voltando à trilha, o som da banda australiana encaixou tão bem no filme que o disco com a *soundtrack* da continuação de *Homem de Ferro* é inteira assinada pelo grupo do guitarrista Angus Young.

Black Sabbath

TRACKLIST 🔊

01. Driving With The Top Down
02. Iron Man, 2008 version - John O'Brien and Rick Boston
03. Merchant of Death
04. Trinkets To Kill A Prince
05. Mark I
06. Fireman
07. Vacation's Over
08. Golden Egg
09. DamnKid - DJ Boborobo
10. Mark II
11. Extra Dry, Extra Olives
12. Iron Man
13. Gulmira
14. Are Those Bullet Holes?
15. Section 16
16. Iron Monger
17. Arc Reaktor
18. Institutionalized - Suicidal Tendencies
19. Iron Man - Jack Urbont

Homem de Ferro 2
2010 (Iron Man 2)

 O FILME

No segundo filme da planejada trilogia, todo mundo já sabe que o bilionário Tony Stark está por trás da armadura de Homem de Ferro. Mas o inimigo agora é outro: sai Jeff Bridges, entra em cena Ivan Vanko, interpretado pelo ex-galã Mickey Rourke.

O personagem de Rourke, Chicote Negro/Whiplash, é um mix de dois inimigos do Homem de Ferro nos quadrinhos: Crimson Dynamo e o próprio Whiplash. Para viver o vilão na telona, o dublê de boxeador visitou a prisão de Butyrka, em Moscou, além de estudar russo por 4 meses.

A sequência de *Iron Man* também apresenta ao público a Viúva Negra. Por baixo da malha preta colada ao corpo está a sensual Scarlett Johansson, que pintou seu cabelo de ruivo antes mesmo de ser contratada e treinou puxado seis semanas antes de começar a filmar.

Depois de lutar contra Vanko e sua poderosa armadura com chicotes elétricos, Stark fica sabendo que seu Homem de Ferro foi aprovado para um programa secreto chamado "Iniciativa dos Vingadores".

Homem de Ferro 2

 A TRILHA

O aperitivo do filme anterior fez o AC/DC emplacar 15 clássicos tirados de 10 discos entre 1976 e 2008 para a trilha de *Homem de Ferro 2*, como: "Shoot To Thrill", "Thunderstruck", "Let There Be *Rock*" e "War Machine", do mais recente álbum *Black Ice*, de 2008. Rolou ainda uma versão *deluxe* de AC/DC: *Iron Man 2*, com CD/DVD e 2 LPs que trazem ainda um livreto de 32 páginas recheadas com fotos da banda de várias épocas e de divulgação do filme com texto de apresentação assinado por David Fricke, editor da *Rolling Stone*. Já no DVD, 9 faixas com muito *making of*, bastidores, entrevistas exclusivas e clipes.

Por falar em clipes, o da música "Shoot To Thrill" foi gravado ao vivo em Buenos Aires misturando imagens da banda no palco com cenas até então inéditas do filme. Aliás, o *trailer* oficial também usa a faixa 2 do cultuado álbum *Back in Black*, de 1980.

"A visão de Jon Favreau e a paixão pelo AC/DC fazem a mistura perfeita para este filme incrível; a música realmente destaca a alta energia e a emoção do filme", disse Steve Barnett, copresidente da Columbia Records. O disco, que acabou virando uma caprichada coletânea, foi lançado no dia 19 de abril de 2010 e vendeu cerca de 2 milhões de cópias. Chegou ao topo das paradas na Inglaterra, Alemanha, Canadá e Irlanda. Segundo a Official Charts Company, que compila os discos e *singles* mais vendidos no país, foi a terceira vez que o AC/DC liderou as paradas na Grã Bretanha, o feito também foi atingido com os discos *Back in Black* e *Black Ice*.

Destaque ainda para "Back in Black", que aparece no primeiro filme, "Let There Be *Rock*" ainda com Mark Evans no baixo, de 1977 e, claro, "Highway to Hell", sucesso do disco homônimo, de 1979.

AC/DC

Brian Johnson e Angus Young

TRACKLIST

01. Shoot to Thrill
02. *Rock 'N' Roll* Damnation
03. Guns for Hire
04. Cold Hearted Man
05. Back in Black
06. Thunderstruck
07. If You Want Blood (You've Got It)
08. Evil Walks
09. T.N.T.
10. Hell Ain't a Bad Place to Be
11. Have a Drink on Me
12. The Razor's Edge
13. Let There Be *Rock*
14. War Machine
15. Highway to Hell

The Runaways – Garotas do Rock

2010 (The Runaways)

 O FILME

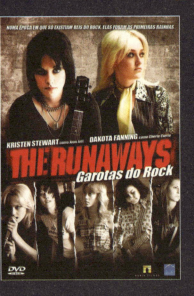

Quem apostaria na pálida Bella da saga "Crepúsculo" para encarnar na telona uma das maiores roqueiras da história? E mais: para para dividir a cena com a Joan Jett de mentirinha, a doce Lucy de "I am Sam". E não é que Kristen Stewart e Dakota Fanning deram conta do recado ?

The Runaways conta a história da banda de *rock* dos anos 1970 montada por Kim Fowley, um produtor alucinado e visionário. O roteiro foi adaptado do livro *Neon Angel: A Memoir Of The Runaways*, de Cherie Currie, vocalista original do grupo. Já o longa, com orçamento de 10 milhões de dólares, foi dirigido e roteirizado por Floria Sigismondi.

A história se passa entre 1975 e 1977 e é contada do ponto de vista de Cherie (Dakota Fanning), que desistiu do *rock 'n' roll* para tentar a sorte na carreira de atriz, que não deslanchou. Já Joan Jett começou um bem-sucedido voo solo em 1979, que só decolaria de vez em 1981, quando formou o The Blackhearts. Joan segue na estrada, firme e forte empunhando sua inconfundível Gibson Melody Maker.

The Runaways – Garotas do Rock

🎵 A TRILHA

A *soundtrack* do filme, com 14 músicas, foi lançada em março de 2010 e conta com gravações originais da banda e novas versões cantadas pelas protagonistas Dakota Fanning e Kristen Stewart, além de David Bowie, Sex Pistols e The Stooges.

Rebel Rebel, de Bowie, que toca na baladinha californiana frequentada pela garotada da época, foi composta em 1974 e é considerada uma espécie de hino do *Glam Rock*. "Quando eu estava no colégio, esse era o tipo de *riff* que nós, jovens guitarristas, costumávamos tocar nas lojas de instrumentos", disse o cantor à revista *Performing Songwriter,* em 2003.

Fanning canta sozinha duas músicas da trilha sonora: "Cherry Bomb" e "California Paradise". Nas faixas "Queens of Noise" e "Dead End Justice", ela divide os vocais com Stewart. Aliás, como mostra o longa, "Cherry Bomb" foi composta para o teste de Cherie Currie. A música, do álbum de estreia, virou a assinatura da banda.

E o filme termina com *hits* da carreira solo de Joan Jett que, infelizmente, não fazem aparecem no disco com a trilha. Primeiro, "I Love Rock 'n' Roll", regravação do grupo britânico The Arrows. Joan registrou uma versão em 1979 com Steve Jones e Paul Cook, dos Sex Pistols, mas a música só estourou mesmo nos anos 1980, já com os Blackhearts. Ficou em primeiro lugar no Billboard Hot 100 durante sete semanas, alcançou o primeiro lugar nas paradas australianas e, o álbum "I Love Rock 'n' Roll", chegou ao segundo lugar nos Estados Unidos.

O outro sucesso solo de Jett que aparece no final do filme e também ficou de fora da *soundtrack* é a balada "Crimson and Clover", originalmente lançada pelo grupo Tommy James and the Shondells, em 1968. A versão da ex-Runaway chegou ao sétimo lugar na parada Billboard Hot 100 em 1982.

TRACKLIST 🔊

01. Roxy Roller - Nick Gilder
02. The Wild One - Suzi Quatro
03. It's A Man's Man's Man's World - MC5
04. Rebel Rebel - David Bowie
05. Cherry Bomb - Dakota Fanning
06. Hollywood - The Runaways
07. California Paradise - Dakota Fanning
08. You Drive Me Wild - The Runaways
09. Queens Of Noise - Dakota Fanning & Kristen Stewart
10. Dead End Justice - Kristen Stewart & Dakota Fanning
11. I Wanna Be Your Dog - The Stooges
12. I Wanna Be Where The Boys Are (Live) - The Runaways
13. Pretty Vacant - Sex Pistols
14. Don't Abuse Me - Joan Jett

The Runaways

Bibliografia

LIVROS
O som do cinema
Almanaque do Cinema
The Beatles – a história por trás das canções
A música do cinema – Os 100 primeiros anos

INTERNET
Imdb
Soundtrack info
Song facts
Wikipedia
Adoro cinema
Cine pop
Omelete
Interfilmes
Amazon
www.fast-rewind.com

REVISTAS
BIZZ Edição Especial – Elvis
Rolling Stone
Billboard

Agradecimentos

Meus pais, mais uma vez. Aos Soundtrackers, músicos e equipe, inclusive o Mingau. Rubens Ewald Filho, pela apresentação com grife. Pedro Almeida, pela paciência, orientação editorial e almoços intermináveis nas Praças Benedito Calixto e Vilaboim. Renata Boildrini, pelo texto da quarta capa. Ao pessoal da ESPN, que segurou as pontas enquanto o apresentador, de novo, se aventurava como autor. Guilherme Inhesta, da Livraria Cultura, que deu dicas preciosas e encomendou trilhas e filmes raros aqui destrinchados. Evaldo Silvestre, da POP'S Discos, o Rob Gordon brasileiro. André Fonseca, da Leya, por ter organizado a encrenca aos 45 do segundo tempo. E ao Osmane, que caprichou no projeto gráfico *express*.

AGRADECIMENTOS

Sem a boa vontade de algumas pessoas, este projeto não seria possível. Agradecimentos especiais:

Jorge Carneiro, Presidente da Ediouro, que liberou gentilmente os arquivos. Daniele Cajueiro e Ana Paula, que conseguiram localizar os arquivos da editora. Cláudio Marques, que liberou gentilmente os arquivos e conseguiu localizá-los atravessando o Atlântico com a Leya em Portugal.

Aos designers que estiveram envolvidos com a recuperação do material: Luiz Stein, Osmane Garcia Filho e Flávio Franceschini.

Um agradecimento especial aos artistas, amigos, colegas de bancada, de shows e de estrada pela divulgação da campanha que permitiu tornar este projeto realidade. A todos os artistas que toparam gravar o vídeo de homenagem e nos ajudar na divulgação: Alex Escobar, Carlos Eduardo Lino, Claudia Gomes, Cleber Machado, Evandro Mesquita, Felipe Andreoli, Fernanda Abreu, Gustavo Villani, Guto Nejain, Ivan Moré, Janaina Xavier, Juca Kfouri, Ledio Carmona, Leo Jaime, Lobão, Luiz Carlos, Marcelo Barreto, Marcelo Courrege, Mauro Beting, Milton Leite, Muricy Ramalho, Oscar Ulisses, PC Vasconcelos, Pedro Mariano, Renata Boldrini, Ricardinho, Roger Flores, Sabrina Parlatore, Simoninha, Thiago Woody e Zico.

Priscila e Janaína, primas de Rodrigo, que fizeram toda a ação se tornar possível.

Aos pais de Rodrigo, que mesmo em um momento tão doloroso, fizeram valer a vontade do filho.

Por fim, agradecemos a cada um dos apoiadores do projeto. Vocês tornaram este sonho possível. O legado do Rodrigo recebeu uma edição muito especial e será eternizado graças a vocês:

Abílio Valença; Ademir Branco Junior; Adenilson Maurício Rios Cilindro; Adriana Caldeira; Adriana Fraga Rabelo Dias; Alberto Pirro Jr; Aldrey Sena Martins; Alef De Lima; Aleksandra Lima; Alexandre Jardel Rocha Moratelli; Alexsandro Linhares; Aline Braz Domingues; Alisson Roberto Damiance Silva; Alvaro Eugenio Gonzalez Rodriguez; Alzenda Da Costa Pinto Da Silva; Amanda Ruiz Ameriot; Anderson Dutra; Anderson Tadashi Tokuy; Andre Cardozo; André De Miranda Carvalho; André Gustavo Henning; André Luis Moura Sanches; André Luiz Souza Costa; Andrea Bayma Almeida Fiuza Rodrigues; Andréa Sales; Andreia F A L Silva; Angélica Silva; Antonio Carlos Franca; Antônio Custodio; Antônio Henrique Capuzzo Martins; Antonio Henrique Schmidt Zaghe; Antonio Remigio; Arley Evandro; Arthur Kenji Bergamin Yoneda; Beatriz Kalil Othero; Bernardo Araújo; Braulio Amaral Maluf Pinto; Breno Fernández Duarte; Bruna Lís; Bruno Dallari Oliveira Lima; Bruno Richardson Machado; Bruno Rodrigues Lage; Bruno Sutter; Caio Fonseca Torres; Camila Leite; Camila Oliveira De Arraes Alencar; Carlos Eduardo Lino; Carlos Henrique Bicalho; Carlos Marcelo Pereira; Carlos Moraes; Caroline Pagliuzi; Cassiano Pinho De Souza; Cássio Gomes De Oliveira; Celine Kuiper Castelhano De Oliveira; Celso Marques; Cesar Catharino Moreno; Cesar Fedato; Claudia Gomes Tazinaffo Araujo; Claudimax Ferreira De Souza; Cláudio Gomes Brandão Dos Santos; Clayton Nivaldo; Cleiton Gil; Conrado Martins; Cristiane Batista Soares; Dalbi Arruda; Dan Faria; Daniel Luppi; Daniel Natal; Daniel Penae Torres; Daniela Karin Silvério; Danilo Santana; David Teixeira Junior; Dayse Helena De Souza; Dinastia Geek; Edgar Podavin; Eduardo Alves De Moraes; Eduardo De Campos; Eduardo Messias Oliveira; Eduardo Sudre; Eduardo Vicentin; Elise Duque; Estela Dantas; Eudes Junior; Evandro Mesquita; Fábio Calil Belém; Fábio França; Fabio Jose Barbosa Santos; Fabio Lopes Dantas; Fábio Luciano; Fabio Luiz Pessotti; Fabio Nogueira Santos; Fabio Silvestre Cardoso; Fabio Szperling; Fábio Yamaji; Felipe Paiva; Felipe Pontieri; Felipe Ramos; Felipe Santiago De Andrade Schwerz; Felipi Cavatti Dos Santos; Fernanda Henriques Appolinario; Fernanda Rebelo Wanderley Rodrigues; Fernando Bonfatti De Figueiredo; Fernando Yoshikazu Gushiken; Filipe P. Bassetto; Flávio Cassilhas; Gabriel Kimura; Gabriel Leone Coutinho Miranda Frota; Geraldo Jose Dos Santos Machado; Gilnei Pereira Da Costa; Giovane T Pereira; Giovanna De Guzzi; Guga Kramer; Guilherme Bramos; Guilherme Coreixas; Guilherme Graziano Neto; Guilherme Ribeiro; Guilherme Simon; Gustavo Antonio Direito; Gustavo Antonio Morais Silva; Gustavo Gago; Gustavo Henrique Lima De Siqueira; Gustavo Kaiuca Abduche; Gustavo Maia Magnusson; Gustavo Quilici Franco Do Amaral; Gustavo Razuk; Gustavo Rossi Moreno; Hamilton Giovani Hessel; Heigor Simões De Freitas; Heitor Grima; Helena Rebello; Henrique Anselmo De Souza Da Silva; Ilona Dos Reis Facchini; Irene A Lima Silva; Janaína Lima; Janaina Xavier; Jefferson Mine; Joanêza Galvão; João Camargo; João Paulo Serafim Jr.; João Ricardo Kenji Omuro; Jonas Almeida; Jorge Augusto Souza Pinto; José Alex De Oliveira; Jose Anchieta Gonçalves Júnior; José Antonio Domingues Fardo ; José Barreto De Andrade; Jose Geraldo Freire; José Luis Almeida; José Roberto Stefano Filho; Joyce Belleza; Juliano Branquinho; Juliano De Oliveira Guterres; Júnio Ferreira; Katia Regina Dos Santos; Kawer Anderson Da Mata; Kenai Fuckner Selva; Lauro Silveira Neto; Ledio Zottolo Carmona; Leiner S Salinas; Leonardo Carneiro Costa; Leonardo Lessa Prado Nascimento; Leonardo Lima Ferreira; Leonardo Mello Guimarães De Toledo; Leonardo Rocha De Almeida; Letícia Kuniko Sekitani; Liliane Maestro; Lino Malta De Oliveira Filho; Luan Flávia Barufi; Lucas Barboza De Oliveira ; Lucas Caetano Macedo Saboia; Lucas Morais; Lucas Santos; Luciana Julião; Luís Parente; Luiz Felipe Carneiro; Luiz Felipe Romanelli Nascimento; Luiz Fernando Mattos; Luiz Gustavo Mouro ; Luiz Gustavo Trápaga Ribeiro; Mara Regina Viero; Marc Marten; Marcel Luiz Campos Rodrigues; Marcela Augusta Reis Carneiro; Marcello Augusto De Alencar Carneiro; Marcelo Alexandre; Marcelo Moreno; Marcelo Peixoto Abal; Marcelo Tandler Paes Cordeiro; Marcio Roberto Nunes Da Costa; Márcio Silva Corrêa; Marco Antonio Arese Kalil; Marco Antonio De Oliveira; Marcos Antonio De Salles; Marcos Catingueiro Silva; Marcos José Siqueira Coutinho De Almeida; Marcos Nyssens; Marcos Vinicius Melo; Marcus Pierucci; Marcus Silva Carvalho; Maria Cláudia Santos Chapini; Maria Eduarda Novaes; Maria Oliveira; Maria Paula De Castro Boetger; Mariana Noronha Pinto De Oliveira E Sousa; Mario Renato Tiengo; Mario Sergio Pinheiro; Marla Ibrahim; Mateus J. C. Arndt; Mateus Lessa; Matheus Alexandre Martin Penedo; Mauro Lúcio Ruy De Almeida Filho; Mauro Teodoro Rocha Filho; Max Rosario; Melina Jorge; Michel Daniel Silveira Membrive; Michel Müller; Michele C G Pire ; Milena Delgado Scalco; Milton Leite; Moyses Menezes; Murillo Bomfim Santos; Natalia Pereira Barroso; Natasha Schiebel; Nilma Dos Santos Lima; Norival Nascimento; Otavio Alexandre Freire; Otávio Lopes Ferraz; Pablo Henriques; Patricia Cristina Machado; Patricia Moreira Silva; Patricia Moreira Silva; Paulo Aramis Bonin; Paulo De Grana Marinho Neto; Paulo Roberto Geller Saraiva; Paulo Rogério Da Conceição; Paulo Scopacasa; Pedro De Alencar Tavares Junior; Pedro Guimarães Capucci; Priscila Oliveira Do Amaral; Rafa Ferro; Rafael Dos Santos Godinho Ramos; Rafael Martins; Rafael Moura De Sá ; Rafael Santos De Azevedo; Rafael Vital; Ramiro Fernandes Garcia; Ranieri Muricy Barreto; Raphael Da Silva Coelho; Raphael Maciel Rezende De Souza; Raquel Queiroz; Renan Camargo Da Silva; Renan Soares Junior; Renata Boldrini; Renato Cruz; Renato Silveira; Renato Soares Do Amaral Costa Russo; Ricardo Yamamoto; Roberto Lobão; Roberto Panarotto; Roberto Sávio De Oliveira Jr; Robson Peixoto Dos Santos; Rodolfo Georgevich Neto; Rodrigo Bill Abecia; Rodrigo De Souza Silva; Rodrigo Martins; Rodrigo Santos; Rodrigo Santos De Matos; Rogerio Borges Ferreira; Ronaldo Ferreira Dalmeira; Roosevelt Almeida Do Nascimento Junior; Rosemery Missae Matsubara; Rubens Eugênio De Oliveira Junior; Sabrina Dos Santos Monteiro; Sabrina Parlatore; Samuel Possidônio; Sergio Alexandre Fabossi; Sergio Cartaxo; Sergio Cunha; Sil Avalos; Silas Cassiano; Silverio Fonseca Oliveira; Simone De Souza Cabral Martins; Sosthenes Jesus Dos Santos ; Tadeu Arvelos; Tarcísio Augusto Andrade Sousa Rocha; Teresa Cristina Iorio De Barros Leite; Thais Walsh; Thays Ferreira Braga De Lima; Thereza Cristina Regadas Montezuma; Thiago Araújo Madureira De Oliveira; Thiago Garcia Totaro; Thiago Mantovani Krigner Abondanza; Tiago Almeida De Araujo; Tiago S G Oliveira; Valjean Lopes Da Silva Júnior; Valter Meksenis; Vania Martins Marra; Vera Jane Tavares Marques; Victor Augusto Beraldo Dos Santos; Victor Hugo Faustino Santiago; Vinicius Baptista De Souza; Vinicius Henter Carneiro Bastos; Vinícius Valiante; Vinicius Vaz; Vitor Figueiredo Soares; Vivi Lescher; Wagner Bastos Ferreira; Wagner Cavalli Rodrigues; Wagner Minoru Yamaguchi; Walfrido Duarte Da Silva Neto; Wesley Ferreira; Wilson Simoninha Lotado; Yasmin Teruz Moreira; Yulla Aflalo Marques Cepêda; Yuri Coloneze.

CRÉDITOS DAS IMAGENS

IMAGENS DA CAPA / ABERTURAS | EVERETT COLLECTION / GRUPO KEYSTONE

FOTO / REPRODUÇÃO DIVULGAÇÃO CD | pp. 13, 14, 23, 24, 25, 27, 29, 31, 37, 39, 43, 45, 47, 49, 51, 53, 55, 59, 61, 63, 65, 67, 71, 73, 75, 76, 77, 81, 85, 87, 89, 91, 93, 97, 101, 103, 105, 107, 109, 11, 112, 113, 114, 115, 117, 119, 121, 123, 125, 127, 129, 131, 133, 135, 139, 141, 143, 145, 147, 149, 151, 153, 155, 157, 159, 161, 163, 165, 169, 172, 173, 175, 177, 179, 181, 183, 185, 189, 191, 193, 195, 197, 199.

FOTO / REPRODUÇÃO DIVULGAÇÃO DVD | pp. 9, 10, 11, 15, 16, 18, 19, 20, 21, 22, 24, 25, 27, 28, 30, 33, 34, 35, 37, 38, 40, 44, 46, 48, 50, 52, 254, 56, 60, 62, 64, 66, 68, 70, 72, 74, 78, 82, 86, 88, 90, 92, 94, 95, 96, 98, 99, 100, 102, 104, 106, 108, 111, 112, 113, 114, 115, 116, 118, 120, 122, 124, 126, 128, 130, 132, 134, 136, 140, 142, 166, 174, 176, 178, 180, 182, 184, 186, 190, 192, 194, 196, 198.

FOTO / REPRODUÇÃO DIVULGAÇÃO FILME | pp. 9, 10, 11, 12, 13, 14, 15, 16, 17, 19, 20, 22, 24, 25, 26, 28, 29, 30, 31, 32, 33, 34, 36, 37, 38, 39, 40, 41, 42, 44, 45, 46, 47, 48, 50, 51, 52, 53, 54, 55, 56, 57, 58, 59, 60, 62, 64, 65, 66, 68, 69, 70 72, 73, 74, 75, 78, 79, 80, 81, 82, 83, 84, 85, 86, 88, 90, 92, 93, 94, 98, 100, 102, 103, 104, 106, 108, 109, 110, 113, 114, 115, 116, 118, 120, 122, 124, 126, 128, 130, 131, 132, 134, 135, 136, 137, 138, 140, 142, 144, 146, 148, 150, 151, 152, 158, 159, 160, 162, 163, 164, 166, 167, 170 171, 174, 176, 178, 179, 180, 182, 184, 185, 186, 188, 189, 190, 191, 192, 194, 195, 196, 197, 198, 199.

FOTO / REPRODUÇÃO DIVULGAÇÃO ARTISTA | pp. 18, 22, 25, 26, 28, 29, 31, 32, 33, 34, 36, 39, 41, 44, 51, 55, 57, 59, 66, 67, 69, 71,73, 75, 77, 78, 79, 81, 83, 86, 87, 89, 90, 93, 97, 99, 101, 105, 107, 109, 111, 113, 115, 117, 119, 122, 127, 129, 131, 133, 135, 137, 139, 141, 143, 145, 147, 149, 151, 153, 155, 157, 159, 161, 163, 165, 167, 168, 169, 171, 173, 175, 177, 178, 181, 183, 185, 187, 191, 193, 197, 201, 203, 205, 207, 209.

Todos os esforços foram feitos para creditar devidamente os detentores dos direitos das imagens utilizadas neste livro. Eventuais omissões de crédito ou créditos errados não foram intencionais e serão devidamente solucionados nas próximas edições, bastando que os seus proprietários contatem os editores.

Copyright © 2011 by Rodrigo Rodrigues
Copyright © Faro Editorial, 2021
Todos os direitos reservados.

Nenhuma parte deste livro pode ser reproduzida sob quaisquer meios existentes sem autorização por escrito do editor.

Edição Limitada é um selo da Faro Editorial.

EDITOR | Pedro Almeida
EDITOR ASSISTENTE | Carla Sacrato
REVISÃO | Ana Carolina Nitto
CAPA, PROJETO GRÁFICO E DIAGRAMAÇÃO | Osmane Garcia Filho

Dados Internacionais de Catalogação na Publicação (CIP)
Angélica Ilacqua CRB-8/7057

Rodrigues, Rodrigo, 1975-2020
    Almanaque da música pop no cinema / Rodrigo Rodrigues. — 2. ed. — São Paulo : Faro Editorial, 2020.
    216 p.

    ISBN 978-65-86041-63-7

    1. Música para cinema 2. Música popular – Cinema I. Título

20-4533   CDD 781.542

Índice para catálogo sistemático:
1. Música para cinema

2ª EDIÇÃO BRASILEIRA: 2021
Direitos de edição em língua portuguesa, para o Brasil, adquiridos por FARO EDITORIAL

Avenida Andrômeda, 885 — Sala 310
Alphaville — Barueri — SP — Brasil
CEP: 06473-000
www.faroeditorial.com.br

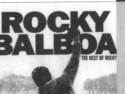